国家出版基金项目
NATIONAL PUBLICATION FOUNDATION

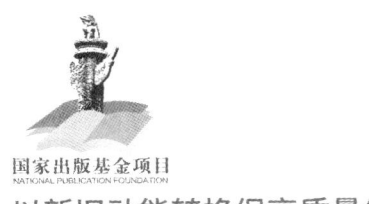

以新旧动能转换促高质量发展研究丛书

新旧动能转换下
创新型城市发展研究

XINJIU DONGNENG ZHUANHUANXIA
CHUANGXINXING CHENGSHI FAZHAN YANJIU

周志霞　著

企业管理出版社
ENTERPRISE MANAGEMENT PUBLISHING HOUSE

图书在版编目（CIP）数据

新旧动能转换下创新型城市发展研究/周志霞著.——北京：企业管理出版社，2021.8
（以新旧动能转换促高质量发展研究丛书）
ISBN 978-7-5164-2308-0

Ⅰ.①新… Ⅱ.①周… Ⅲ.①城市建设—研究—中国 Ⅳ.①F299.21

中国版本图书馆CIP数据核字（2020）第243745号

书　　名：	新旧动能转换下创新型城市发展研究
作　　者：	周志霞
选题策划：	周灵均
责任编辑：	陈　静　周灵均
书　　号：	ISBN 978-7-5164-2308-0
出版发行：	企业管理出版社
地　　址：	北京市海淀区紫竹院南路17号　　邮编：100048
网　　址：	http://www.emph.cn
电　　话：	编辑部（010）68456991　发行部（010）68701073
电子信箱：	emph003@sina.cn
印　　刷：	北京环球画中画印刷有限公司
经　　销：	新华书店
规　　格：	710毫米×1000毫米　　16开本　　15.5印张　　220千字
版　　次：	2021年8月第1版　2021年8月第1次印刷
定　　价：	89.00元

版权所有　翻印必究·印装有误　负责调换

前　言

创新是历史进步的动力、经济增长的源泉、时代发展的关键。党中央、国务院做出了建设创新型国家的重大战略决策。我们的目标是进入创新型国家行列，为全面建设小康社会提供强有力的支持。

建设创新型城市需要做大量的工作，包括制定新的科技发展战略、教育发展战略和人才发展战略。建设创新型高地是实施科技、教育、人才新战略的支撑，是建设创新型城市的重大战略举措。综观世界许多国家和地区的经济腾飞历史，加强内外科技资源的整合、创建独特的知识智力集中地区和高科技园区，是世界各国经济腾飞的重要经验，从而形成知识、技术和产业集群，使"创新高地"成为提升综合竞争力的战略支撑。如果我们的城市能够吸收和借鉴这些有益的经验，创造一个教育、科学研究和高科技产业紧密结合的高水平创新体系，形成创新资源密集的地区，就完全有可能建设充满活力和创新的城市。

贯彻新发展理念、培育壮大新动能、促进新旧动能接续转换，是以习近平为核心的党中央做出的重大部署。我们要推进创新驱动发展战略，推动战略性新兴产业发展，注重用新技术新业态改造提升传统产业，促进新动能发展壮大、传统动能焕发生机。新旧动能转换战略的有效实施，能够积极推动城市创新要素集聚，有效推动城市创新环境改善，成功推动城市创新文化提升，大力推动城市智慧管理提升，因而，对新旧动能转换下创新型城市发展进行系统、深入的研究，对于我国创新型城市的建设与发展具有极大的现实指导意义与决策参考价值。

2017年11月21日，山东省政府公布了关于《山东省创新型省份建设实施方案》。山东省应认真落实习近平总书记系列重要讲话精神，以加快新旧动能接续转换为动力，瞄准更高目标，坚定不移地走集约发展、绿色发展、产城融合发展的路子，努力打造产品优质、生态优良、环境优美、形象优秀、生活优越的城市品质，推动全省创新发展、持续发展、领先发展，加速推动现代化创新型城市高品质发展。

本书系统梳理创新型城市建设的理论与实践，全面分析与评价典型区域创新型城市建设的现状与绩效，深入探寻新旧动能转换下创新型城市高质量发展的科学模式与路径。研究结论具有较高的理论与实践参考价值，可用于创新型城市建设路径方案的选择、分析和辅助决策，对各省市政府进行创新型城市建设路径的选择和政策设计也具有重要的借鉴意义。

周志霞

2021年6月

目 录

第一章 新旧动能转换与创新型城市建设 / 001

    第一节 新旧动能转换与创新发展 / 003

        一、创新相关研究 / 003

        二、新旧动能转换与创新型城市发展 / 006

    第二节 创新型城市概述 / 009

        一、创新型城市建设的基本要素 / 009

        二、创新型城市评价研究 / 010

第二章 潍坊创新型城市建设的实践探索 / 015

    第一节 潍坊市发展现状 / 017

        一、潍坊市工业发展概况 / 017

        二、潍坊市教育发展概况 / 018

        三、潍坊市科技发展概况 / 020

        四、潍坊市经济社会发展概况 / 024

第二节 潍坊创新型城市建设的基础优势与制约因素 / 027

一、创新型城市创建背景与全国试点概况 / 027

二、潍坊建设创新型城市的基础优势 / 029

三、潍坊创新型城市建设的制约因素 / 033

第三节 潍坊创新发展的重点措施与支撑成效 / 036

一、潍坊市创新发展的指导思想 / 036

二、潍坊市创新发展的重点推进措施 / 037

三、创新型城市支撑作用逐步显现，取得显著成效 / 040

第四节 创新型城市建设重点任务推进情况 / 044

一、突出企业主体地位情况 / 044

二、突出平台集聚效应情况 / 046

三、突出人才核心支撑情况 / 049

四、推动高新区、自创区建设和技术创新情况 / 053

五、科技体制机制改革和重要科技创新政策落实情况 / 055

第五节 潍坊创新型城市发展评价 / 058

一、创新型城市评价指标与分类 / 058

二、潍坊创新型城市发展水平评价 / 059

三、潍坊创新型城市建设指标完成情况 / 064

第三章 新旧动能转换下潍坊创新型城市发展 / 069

第一节 新旧动能转换下潍坊创新型城市发展现状 / 071

一、努力集聚创新要素，补齐科教资源匮乏短板 / 071

目 录

　　二、强化创新载体建设，不断提高自主创新能力 / 073

　　三、大力培育创新企业，发挥企业创新积极性 / 075

　　四、强化人才激励机制，促进人才创新创业 / 076

　　五、健全创新保障机制，营造良好创新生态 / 077

第二节　潍坊创新型城市高质量发展典型经验 / 080

　　一、自主创新能力提升与品牌打造 / 080

　　二、科研成果转化与质量提升 / 082

　　三、人才发展新动能集聚助推高质量发展 / 084

　　四、政策与环境扶持助推创新服务能力提升 / 087

第三节　新旧动能转换下潍坊创新型城市发展存在的问题 / 088

　　一、科技创新平台短缺，高端创新要素集聚能力不足 / 088

　　二、产业结构嵌入重型化发展循环通道，向高层突破
　　　　进展缓慢 / 089

　　三、科技创新生态环境缺失，制约产业技术自主创新能力 / 090

　　四、新旧动能转换基金运转效率不高 / 090

　　五、受国内经济环境影响，政策资源配置能力受到限制 / 091

第四节　新旧动能转换下潍坊创新型城市发展建议 / 091

　　一、促进政产学研深度合作，着力突破创新资源匮乏瓶颈 / 092

　　二、加快推进高端创新平台建设，提升产业创新能力 / 094

　　三、加大高新技术企业培育力度，培植壮大高新技术
　　　　产业规模 097

　　四、拓宽科技成果转移转化渠道，打通成果转化
　　　　"最后一公里" / 099

III

五、加强科技人才队伍建设，为创新发展提供智力支撑 / 101

六、强化组织与考核，为创新型城市高质量发展提供保障 / 104

第四章　新旧动能转换下烟台创新型城市发展 / 105

第一节　新旧动能转换下烟台创新型城市发展概况 / 107

一、烟台城市发展概况 / 107

二、烟台创新型城市建设指标完成情况 / 109

第二节　新旧动能转换下烟台创新型城市建设成效 / 115

一、创新载体建设不断加强 / 116

二、产学研合作持续推进 / 117

三、创新服务能力不断提升 / 118

四、知识产权战略深入实施 / 120

五、建设公共服务平台，提高创新服务水平 / 120

第三节　新旧动能转换下烟台创新型城市建设措施 / 121

一、加快产业技术创新，为创新型城市建设夯实发展基础 / 121

二、激发人才创新活力，为创新型城市建设提供智力支撑 / 124

三、推进发展模式创新，为创新型城市建设营造开放环境 / 125

四、促进投入机制创新，为建设创新型城市强化资金保障 / 127

五、强化城市功能创新，为创新型城市建设打造良好环境 / 129

第四节　新旧动能转换下烟台创新型城市发展建议 / 131

一、烟台创新型城市建设总体评价 / 131

二、烟台创新型城市建设的组织保障 / 132

三、烟台创新型城市高质量发展建议 / 133

第五章　创新型城市发展评价 / 137

第一节　典型城市创新水平评价分析 / 139

一、全国创新状况评价 / 139

二、典型城市创新状况评价 / 140

第二节　山东省各地区创新水平评价 / 149

一、创新投入水平评价 / 149

二、创新资源评价 / 155

三、创新成果评价 / 159

四、创新效率评价 / 163

第三节　山东省创新发展水平综合评价 / 168

一、创新发展水平综合评价指标体系构建 / 168

二、各地区创新发展水平综合评价 / 172

三、山东省创新型城市比较分析 / 176

第六章　新旧动能转换下山东创新型省份建设路径 / 183

第一节　以创新驱动推动城市高质量发展 / 185

一、全面贯彻落实创新发展理念 / 185

二、加快工作机制创新 / 186

三、加快推动技术创新 / 186

四、加快推动发展方式创新 / 187

五、加快推动创新平台建设 / 187

　　六、加快推动高层次孵化载体建设 / 188

第二节　新旧动能转换下创新型城市建设重点 / 190

　　一、推动区域综合创新能力提升 / 190

　　二、加快推动产业转型升级 / 191

　　三、加快科技平台质效建设 / 192

　　四、完善金融创新体系 / 194

　　五、抓好民生领域创新服务 / 195

　　六、加强创新人才支撑 / 195

第三节　新旧动能转换下创新型城市建设保障 / 197

　　一、加强创新型城市建设统筹保障 / 197

　　二、加强创新型城市建设工作保障 / 198

　　三、加强创新型城市建设考核监督 / 200

参考文献 / 201

附录一　潍坊市创新型城市建设重点任务 / 219

附录二　烟台创新型城市建设主要绩效 / 225

附录三　烟台创新型城市建设指标进展 / 229

致　　谢 / 235

第一章

新旧动能转换与创新型城市建设

第一节　新旧动能转换与创新发展

创新是历史进步的动力、经济增长的源泉、时代发展的关键。当今世界，创新已逐渐成为各个国家及地区发展的重点，创新对推动经济社会发展的重要性也愈发凸显。

一、创新相关研究

（一）技术创新与扩散

根据熊彼特（Joseph A. Schumpter）（1928、1939）的技术创新理论，当技术创新获得成功后，必然导致技术从创新企业和机构向社会逐步扩散，最终使技术广泛使用。Kuznets（1930）首次提出技术变革可能服从一条 S 形曲线后[①]，Mansfield（1961）创造性地将"传染原理"和 Logistic 生长曲线运用于扩散研究中，提出了著名的 S 形扩散数量模型，由此开创了对技术扩散问题的宏观、定量分析传统[②]，后继学者（Sharif, 1981；Skiadas, 1986；Chatierjee, 1990；Mahajan, 1990；Maryellen, 1991；Karshenas, 1993）也进一步继承和发展了这一模型。

[①] 陈品.稻作方式的扩散及影响因素研究[D].扬州：扬州大学,2013.
[②] 许斯珩.低碳稻作技术的生态经济评价及扩散研究[D].扬州：扬州大学,2015.

图 1-1 显示的是经典的技术扩散曲线，即技术创新的传播过程包涵不同阶段（认知、说服、决策、实施与确认），而创新技术的采用者以时间为度量可归为以下几类：技术创新者、早期技术采用者、中期大多数采用者、后期大多数采用者与技术采用落后者[①]。以时间维度（X 轴）及技术使用者维度（Y 轴）为坐标，技术创新的传播过程呈现明显的 S 形曲线，即从创新源头（新成果、新发明、新发现、新技术、新知识）向四围（用户、企业、市场）传播与扩散的、相对独立的过程。

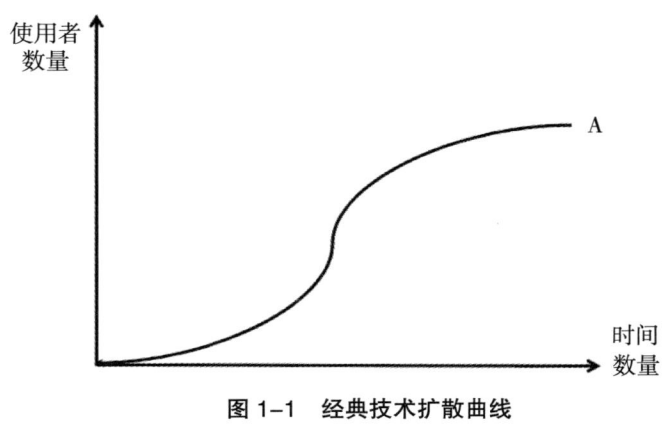

图 1-1　经典技术扩散曲线

20 世纪 70 年代至今，技术创新扩散作为一个独立内容得到了更为深入的研究。代表人物是美国经济学家 Stoneman[②]。国内许多文献研究认同技术扩散的机制是由多种机制组成，这些机制在扩散过程中相互协调，共同发挥作用。如傅家骥（1992）和朱李鸣（1988）对技术扩散机制组成系统的研究，林毅夫（1994）提出的诱致性制度创新概念、张维迎（2004）提出的信息不对称问题、哈维茨（1972）提出的激励相容概念，都大大拓宽了对技术扩散机制设计的理论研究。随着研究的深入，学者们将技术扩散置于所处环境中，作为一个系统来研究。张国方等（2002）、郭锋等（2006）、李平（2007）、张然斌等（2007）、王莹（2008）、

---

① 许斯珩.低碳稻作技术的生态经济评价及扩散研究 [D].扬州：扬州大学,2015.
② 刘笑明,李同升.农业技术创新扩散的国际经验及国内趋势 [C]// 中国地理学会 2006 年学术年会论文摘要集,2006.11.

邓衢文（2010）等学者分别从网络环境、技术服务中心、国际技术扩散、技术需求方、生态产业链等角度，分析了技术扩散机制对技术扩散的影响和作用[①]。

（二）企业创新活动

继熊彼特提出技术创新理论之后，经济学家沃尔什（Rothwell R & Zegveld W，1985）、弗里曼（Freeman C，1982）等相继构建了"Schumpeter's 企业家创新模型Ⅰ"和"Schumpeter's 企业家创新模型Ⅱ"，阐述了企业技术创新在企业内生过程中推动经济长期增长的效应。

在创新模型Ⅰ，企业家是新技术创新的活动主体，外生的科学与发明通过企业家的开发作用于创新活动[②]，影响市场结构的变化，创新的风险及潜在收入均由企业家承担。熊彼特企业家创新模型Ⅰ，如图1-2所示。

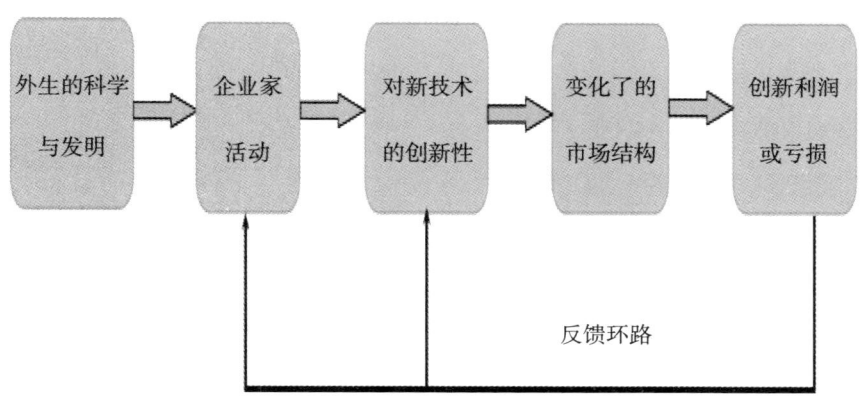

图1-2 熊彼特企业家创新模型Ⅰ

在创新模型Ⅱ中，新技术创新的主体被企业内部的研发机构所取代，外生的科学技术通过企业研发活动转化为内生的科学技术，并被投入创新性投资管理过程当中，从而产生了新的生产模式，继而影响市场结构的变化，而技术创新的利润或亏损反馈到投资管理及企业研发活动中，并最终回馈到外生科学技

---

① 曹兴，柴张琦.技术扩散的过程与模型：一个文献综述[J].中南大学学报：社会科学版，2013（4）：14-22.
② 陈媞.创新型城市的形成机理及评价指标体系研究[D].武汉：武汉理工大学，2012.

术中，周而复始，形成创新的原动力。熊彼特企业家创新模型Ⅱ，如图1-3所示。

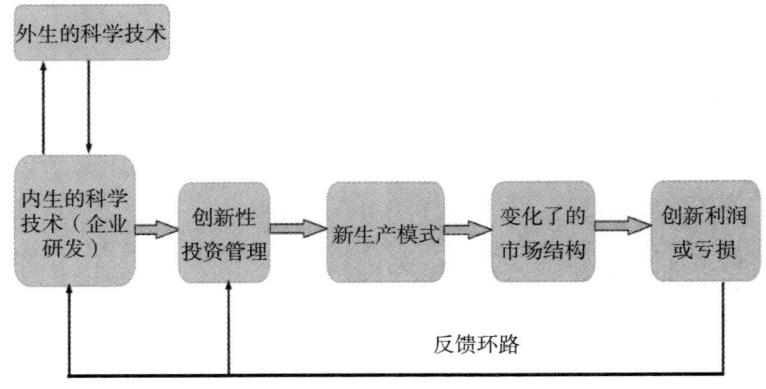

图1-3　熊彼特企业家创新模型Ⅱ

熊彼特的创新模型将供给激励政策作为技术创新政策的制定重点，突出了内生技术知识外溢与外生技术知识的相互反馈，但其局限点在于将技术创新过程限定为自上而下（企业家到市场）的单向流程，没能深入反映技术创新活动与市场销售活动的双向反馈。

二、新旧动能转换与创新型城市发展

（一）新旧动能转换的核心内涵

李克强总理强调，要贯彻新发展理念，培育发展新动力。国务院发布了《关于创新管理优化服务培育壮大经济发展新动能加快新旧动能接续转换的意见》，提出要以体制改革为动力，以技术创新为引领，以新技术、新产业、新业态、新模式为核心，以知识、技术、信息、数据等新生产要素为支撑，坚持增量崛起与存量变革并举、培育壮大新兴产业与改造提升传统产业并重，推动新动能加速成长[①]。

---

① 李敏.扬优成势，做好"港产城海"融合发展大文章[N].日照日报,2018-03-23.

这个文件第一次把新业态和新模式从看不见摸不着的、依附于产业和技术的状态中分离出来,把新技术、新产业、新业态、新模式当作新旧动能转换的核心。更重要的是它解答了传统的劳动力、土地等要素难以支撑的问题,新动能靠的是知识、技术、信息、数据等新生产要素,四个要素的内在逻辑关系非常清晰。知识经过一段时间的发展,使相关技术得以拓展,技术的拓展又使得相关信息得以延伸。坚持这个核心,通过这个支撑,来达到增量崛起和增量变革。增量崛起和增量变革是一个要求中的两个方向,落脚点是壮大新兴产业与改造提升传统产业。增量崛起是对新兴产业的一个要求,增量变革是对传统产业提升改造的一个要求,这两方面都是新动能。

（二）创新活动促进创新型城市建设

在创新型城市建设过程中,企业（或企业集群）与大学或研究机构、地方政府及创新型社区之间存在多种经济活动,包括成果转化及合作、政策咨询及导向、城区规划及创新创业氛围、创新氛围平台的提供等,由此形成了产业创新体系、协同创新体系及创新治理体系（见图1-4）。在各经济主体的创新活动中,需要处理好与多方主体的利益协调。

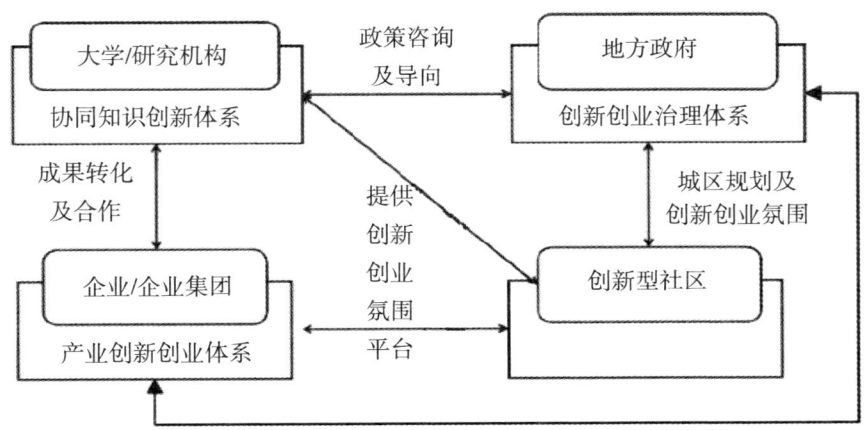

图1-4　创新型城市建设中各主体间的经济活动

（三）新旧动能转换促进城市创新发展

新旧动能接续转换促进城市创新发展的作用主要体现在以下几个方面。

第一，通过新旧动能接续转换，有利于促进我国创新型城市更加繁荣昌盛。新动能新经济的培育，有助于我国充分利用发达国家在科技、经济等方面所占的国际竞争优势，应对我国经济发展的制约。它可以更好地克服中国经济发展由以资源为主要约束向以资源和市场为约束的转变，从而正确把握新科技革命的趋势，加快科技成果转化为实际生产力，掌握科技发展的主动权，实现更高层次的技术跨越式发展，促进城市创新发展，进而实现国家的繁荣发展。

第二，通过新旧动能接续转换，建设创新型城市，是城市可持续发展的战略选择与内在要求。我国现有的产业、经济结构对可持续发展形成的桎梏，迫切要求探寻合理高效的城市发展模式。创新型城市建设是城市优化产业与经济结构、实现跨越式发展的可行路径，是实现可持续发展的战略选择。在此背景下，积极探讨新旧动能接续转换下创新型城市建设模式与路径，是加快塑造创新型城市高质量发展新优势、促进经济持续健康发展和社会和谐稳定的有效路径。

第三，通过新旧动能接续转换，建设创新型城市，对创新型城市高质量发展具有重要的推动意义与实践参考价值。在新旧动能转换进程中，将区域创新理念与创新型城市建设理念相结合，能够有效提升城市发展的核心内涵与优势，为加快我国城市的创新与发展提供更广阔的思路；从创新型城市建设的要素与内在机制出发，对新旧动能转换下创新城市建设现状的分析总结与比较评价，有助于深入探究创新城市建设的内涵与发展规律，为创新型城市建设的发展路径提供更为科学适用的决策参考；对新旧动能转换下创新型城市建设的优势条件、成效及不足的全面分析，能够促进创新型城市建设与经济、社会高质量发展的协调推进，并产生较好的辐射带动效应。

第二节　创新型城市概述

一、创新型城市建设的基本要素

当前，创新已经成为经济发展的主要驱动力，是世界各国增强实力、开展国际竞争的焦点。城市作为国家的基本组成单位，是经济社会发展最基本的元素，其发展是国家强盛的基础，决定着国家和区域的发展水平。创新型城市具有较强的创新资源集聚功能和综合辐射能力[1]，是区域创新体系的重要支撑，是国家创新体系的重要组成部分。

在创新型城市建设活动中，要想使城市化建设活动能够顺利展开，需要不断激发建设者的创新意识与创造能力，使其在创新型城市建设活动中充分发挥作用。因此，创新型城市建设需要涉及四个方面的建设要素，即资源、制度、机构与环境。

创新资源是创新型城市的创建基础，包含信息要素、人才要素、知识要素以及资金要素的汇聚与整合[2]（见图1-5），这些资源在实际运用过程中均需要具备一定的创新性与创造性，通过合理运用这些资源达到创建创新型城市的目的。创新机构是整个创新城市建设活动的实施主体，想要落实创新机构的建设活动，需要分别从激励、竞争、评价、监督四个方面着手，构建具有创新性的创新体系，为创新城市的建设共同提供有力保障。创新制度是开展创新活动的体制保障，在开展创新型城市创建活动时，需要从创新机制的创建工作入手，

---

[1] 陈媞.创新型城市的形成机理及评价指标体系研究[D].武汉：武汉理工大学,2012.
[2] 吴尤可.关于创新型城市的要素与机理研究[M].上海：上海三联书店,2015.

通过创建奖励机制，充分调动创新主体的主观能动性。创新环境是开展创新型城市建设的氛围，例如政策环境、法律环境、文化环境、信息环境等，只有拥有一个良好的创新环境才能够为创新型城市的各项建设工作奠定基础。

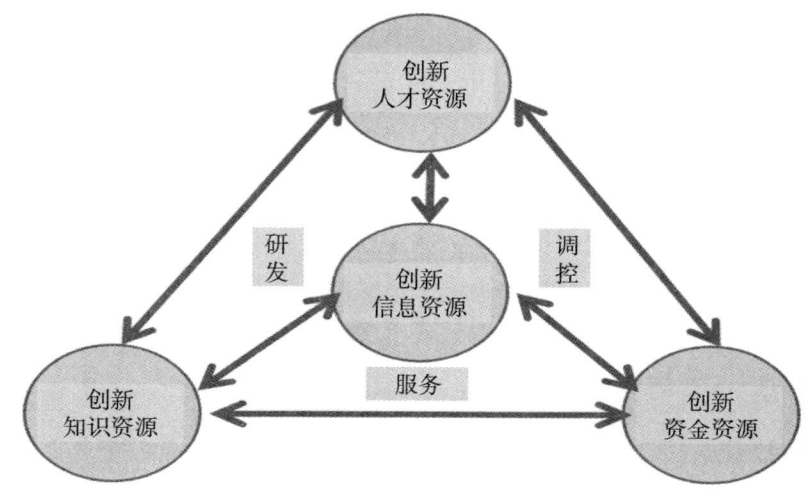

图1-5　创新型城市建设的创新资源①

二、创新型城市评价研究

（一）国内外研究现状

创新型城市是一个具有开放性的系统，其社会结构、生态结构以及经济结构十分突出。国内外专家学者从多种视角出发，对创新型城市的形成与发展进行了分析与探索。合理评价创新型城市建设水平，能够为创新型城市的发展提供一定的科学参考。

国外关于创新型城市评价体系的研究相对比较少，而且在创新性城市评价体系构建上的研究工作绝大多数集中在创新型国家体系上。诸如瑞士洛桑国际管理学院（IMD）、日本经济研究中心、欧洲工商管理学院（INSEAD）推出的相关评价体系。

国内创新评价体系产生于创新型国家的建设战略，国内学者的主要研究成果可大致分为以下几个领域。

其一，创新系统领域。从创新系统的核心视角出发，对知识的创造、知识的传播、知识的形成等相关因素进行分析。譬如，我国在实施科技发展战略的过程中，专门成立科技发展战略研究小组，分别从知识的创造、知识的流动、企业的技术创新环境、企业的技术创新能力，以及企业技术创新成果五个方面出发[1]，针对我国各地区的创新能力进行研究。

其二，创新城市体系领域。学者们多从创新城市体系的应用视角出发，对创新城市体系的产业化发展趋势以及技术实践应用水平进行研究，了解创新城市体系在技术投入、产品配置、管理设置等方面的结构安排，对城市技术创新结构进行优化与整合。

其三，科技创新能力领域。从科技创新能力视角和技术创新配置能力体系视角来看，可从投入、配置、支撑、管理以及产出视角出发，将其分别细分为二级指标，即：科技创新的投入、配置、支撑、管理及产出能力和技术创新的投入、配置、支撑、管理及产出能力[2]。

其四，新技术产业化能力领域。从新技术产业化能力视角来看，可从科技投入、科技成果、发展环境、经营规模以及经营效益的视角出发，将其分成新技术产业化科技投入、科技成果发展环境、经营规模以及经营效益等次级指标。从品牌创新能力视角来看，可从投资、发展、竞争三个方面出发，对品牌创新的投资能力、发展环境以及竞争能力进行分析与评价[3]。

---

[1] 中国科技发展战略研究小组.中国区域创新能力报告（2001）[M].北京：中共中央党校出版社,2002.
[2] 范柏乃,单世涛,陆长生.城市技术创新能力评价指标筛选方法研究[J].科学学研究,2002,20（6）：663-668.
[3] 中国城市创新能力评价体系课题组.创新型城市的数量化评价标准[N].光明日报,2006-10-16.

其五，城市构成领域。从城市构成视角来看，城市由经济资源、人力资源、组织资源、环境资源、制度资源等多种资源构成。如上海市专门发布综合指标体系，对科教兴市能力进行评价与监测[1]；相关学者也从多个层面出发，对区域创新能力评价指标进行了进一步的划分与整合[2]。

（二）创新型城市评价体系示例

中国创新城市评价课题组根据创新型城市的典型特征，遵循全面、规范、公开及联系实际的原则，形成了创新型城市评价的指标体系。该体系主要从创新条件、创新投资、创新活动、创新影响四个维度出发，考察创新型城市的人力资源、研究体系、创新环境、资金支持、企业投资、企业创新、创新合作、知识资产、影响就业、影响产出、发展质量等指标，全面考察城市的综合创新能力。创新型城市评价体系，如图1-6所示。

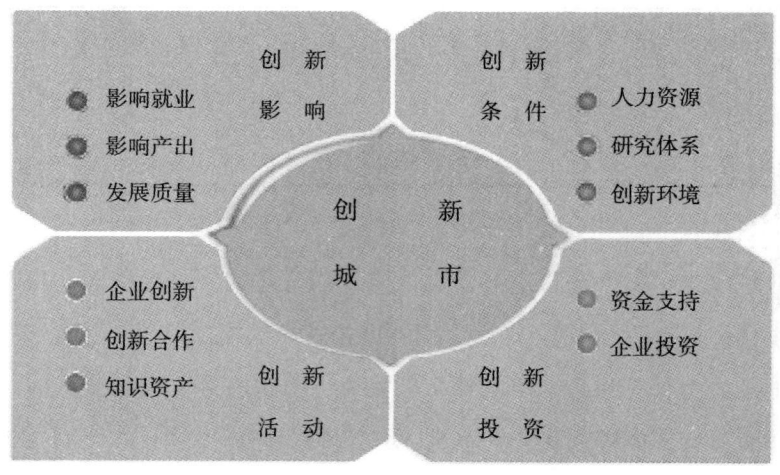

图1-6　创新型城市评价体系[3]

---

[1] 吴尤可.关于创新型城市的要素与机理研究[M].上海：上海三联书店,2015.
[2] 郑伯红,彭际.我国区域创新能力差异实证研究[J].邵阳学院学报,2003,2（2）：103-106.
[3] 中国创新城市评价课题组.2018中国创新城市评价报告[R].2018,12.

第一章 新旧动能转换与创新型城市建设

创新型城市综合发展水平评价指标体系从创新投入、创新中介服务与知识成果转化、创新产出三个维度出发，设置了创新资金投入、创新人才投入、创新环境建设、创新政策支持、中介平台建设、产学研合作能力、创新吸收扩散能力、科技创新效果、经济发展效果、社会贡献效果、生态建设效果等次级指标。其中，B1（创新投入）代表了创新资源指标与创新环境指标，B2（创新中介服务与知识成果转化）及 B3（创新产出）代表了创新绩效指标，该评价体系能够较为科学地反映创新型城市的综合发展水平。创新型城市综合发展水平评价指标体系，如表 1-1 所示。

表 1-1　创新型城市综合发展水平评价指标体系

二级指标	三级指标	四级指标
创新城市综合发展水平 / B1 创新投入	C1 创新资金投入	D1 R&D 经费投入占 GDP 比重 D2 规模以上企业研发投入占营业收入比重 D3 高新技术产业固定资产投资规模 D4 外商及港澳台直接投资科技产业总额
	C2 创新人才投入	D5 万人中在校大学生人数总和 D6 科研与开发机构数目总和 D7 科研从业人员占就业人数的比重 D8 百万人拥有国家大专以上高等院校的数量
	C3 创新环境建设	D9 市场环境建设（国内消费与出口总额） D10 金融环境建设（居民人均储蓄存款余额） D11 交通运输环境（公路运输线路长度） D12 创新文化环境（重点实验室数量 + 图书馆数量） D13 创新法制环境（法院民事案件的结案总数）
	C4 创新政策支持	D14 教育支出占财政支出的比重 D15 科技支出占财政支出的比重 D16 研究开发费用加计扣除减免税总额 D17 高新技术企业减免税总额

续表

	二级指标	三级指标	四级指标
创新城市综合发展水平	B2 创新中介服务与知识成果转化	C5 中介平台建设	D18 高新产业园区和园区数目总和 D19 人才和知识产权中介服务机构的数目 D20 万人中科协系统科技活动数目总和 D21 人均技术市场成交项目总额
		C6 产学研合作能力	D22 技术创新战略联盟个数 D23 工业企业对境内研究机构科研支出总额 D24 工业企业对境内高等院校科研支出总额
		C7 创新吸收扩散能力	D25 技术引进经费支出总额 D26 技术消化经费支出总额 D27 技术改造经费支出总额 D28 购买国内技术支出总额
	B3 创新产出	C8 科技创新效果	D29 百万人专利申请授权总量 D30 科技成果及获奖数 D31 人均技术合同成交额
		C9 经济发展效果	D32 人均 GDP/ 亿元 D33 第三产业的增加值占 GDP 的比重 D34 高新技术产业的劳动生产率 D35 高新技术开发区出口总额占总产值比重
		C10 社会贡献效果	D36 城乡居民人均收入增加值（居民生活水平） D37 城市失业率（拉动就业能力） D38 城市税收总额的增加值（纳税能力） D39 社会福利捐赠和救济支出（社会责任能力）
		C11 生态建设效果	D40 单位 GDP 的能源消耗率 D41 城市重复用水数量 D42 工业固体废物综合利用率 D43 环保设施投资总额 D44 建成区绿化覆盖率

第二章

潍坊创新型城市建设的实践探索

第一节　潍坊市发展现状

近年来，潍坊市全面落实中央和山东省委、省政府的一系列决策部署[1]，以新发展理念为指导，紧紧围绕"走在前列，起好带头作用"的目标定位，主动适应把握引领经济发展新常态，全市经济社会发展保持了持续健康发展的良好态势。

一、潍坊市工业发展概况

潍坊工业历史悠久，基础雄厚，是我国著名老工业城市和山东省制造业核心基地。明清时期就以"二百支红炉、三千铜铁匠、九千绣花女、十万织布机"闻名全国[2]，素有"南苏州、北潍县"的美誉。二十世纪八九十年代，潍坊工业盛极一时，拥有潍棉、潍柴、山潍拖、潍坊华光等一批在国内有影响的"潍"字头企业，柴油机、激光照排、录音机、拖拉机、农用三轮车等产品享誉全国、出口海外，享有中国"动力城""纺织城""电子城""农机城"的美誉。

近年来，潍坊工业深入践行科学发展理念，以提质增效为中心，持续推进工业转型升级，加快构建现代产业体系，产业创新能力和综合竞争力明显提升。截至2018年，全市拥有规模以上工业企业3500多家，工业总量约占全省1/10、全国1/100。全市形成了机械装备、石化盐化、食品加工、纺织服装、汽车制造、造纸包装六大传统支柱产业和电子信息、生物医药、节能环保、智

---

[1] 关于潍坊市2016年国民经济和社会发展计划执行情况与2017年计划草案的报告（摘要）[EB/OL].http://www.wfnews.com.

[2] 刘阳.潍坊地区非物质文化遗产要素研究[J].河北工程大学学报：社会科学版,2015（3）.:79-82+91.

能装备、海洋装备、新能源汽车六大新兴产业双轮驱动、比翼齐飞的壮阔局面[①]。潍柴集团、海化集团、歌尔声学、孚日集团等一批大型企业在国内外具有较强的影响力。

全市工业主营业务收入超过100亿元的企业14户,其中超过200亿元的企业6户。制造业产品涵盖108类5000多个品种,其中600多个品种销往150多个国家和地区,近百种产品产能和市场占有率居全省第一,其中内燃机、机制纸、驻极体传声器等近10种产品居全国首位,微型麦克风、蓝牙耳机、3D眼镜等现代电子产品居世界之首。

潍柴动力、盛瑞传动、歌尔股份、雷沃重工被认定为国家技术创新示范企业,雷沃重工实现了潍坊市国家级工业设计中心零的突破,8挡汽车自动变速器、机器人减速器、插电式混合动力乘用车自动变速器等一批关键技术和工艺达到国内外先进水平[②]。潍坊市绝大多数规模企业实现了企业研发设计、生产、管理、销售全流程的信息化应用,64家企业列入国家、省两化融合管理体系贯标试点,上云企业超过3000家。

二、潍坊市教育发展概况

(一)高等教育高质量发展加快推进

高等教育高质量发展加快推进,主要体现在以下几个方面。

其一,本科院校办学水平不断提高。潍坊市全力支持潍坊学院申办硕士点,学院建成省重点学科2个、省级科研创新平台12个、市级科研创新平台14个;山东师范大学历山学院转设为潍坊理工学院,与沈阳新松机器人公司共建新松机器人学院,发展新工科专业。2018—2019学年度驻潍坊高校在校生总数达到

---

① 吴晓强.走过七十年 迈向新征程[N].潍坊日报,2018-05-08.
② 刘杰.聚势起舞 春潮涌动[N].潍坊日报,2018-12-18.

216 981 人，其中硕士、博士研究生 1483 人，占全市高校在校生比重为 0.68%；普通本科、专科学生 184 721 人，占比为 85.13%；成人本科、专科学生 30777 人，占比为 14.18%。如表 2-1 所示。

表 2-1　2018—2019 学年度驻潍坊高校在校生人数　（单位：人）

	博士生	硕士生	普通本科生	普通专科生	成人本科生	成人专科生
数量	24	1459	50257	134464	18842	11935
占比	0.01%	0.67%	23.16%	61.97%	8.68%	5.50%

其二，潍坊医学院酝酿更大突破。市政府成立了支持潍坊医学院更名潍坊医科大学工作领导小组，协调解决医学院更名过程中遇到的重大问题。潍坊医学院更名"大学"已纳入国家、省高等学校设置"十三五"规划；针对更名"大学"面临的关键问题，潍坊市支持潍坊医学院做好科研工作，学院的《关节软骨再生关键科学问题、核心技术及其临床转化》项目获 2018 年度山东省科学技术进步一等奖。

其三，高等职业教育实现优质发展。潍坊职业学院、山东科技职业学院、山东交通职业学院、山东畜牧兽医职业学院被省教育厅推荐申报中国特色高水平高职学校和专业建设计划，潍坊职业学院、山东科技职业学院、山东交通职业学院被教育部认定为国家级优质高职院校。

（二）大学生创新创业教育不断深化

大学生创新创业教育不断深化，具体体现在以下两个方面。

一方面，大学生创新创业教育体系建设不断强化。组建成立潍坊高校创新创业联盟，建成 3700 平方米的潍坊大学生"互联网+"创业中心，构建机制灵活、协同服务的"1+17+N"大学生创新创业教育体系，重点围绕大学生创新创业教育，协调推动驻潍坊高校完善创新创业教育体系，营造良好的创新创业生态环境。

目前，潍坊大学生"互联网+"创业中心引进浙江水滴股权投资基金管理公司成立大学生创业基金2000万元，与企业合作共建了虚拟现实等大学生创新创业实训中心21个、创客空间11个，重点培养了75名创新创业教育教师，聘请企业家、创业成功者、专家学者、风险投资人等各行各业优秀人才担任兼职创新创业导师，建立了614人的兼职创新创业导师资源库。

另一方面，高校大学生创新创业教育进一步普及。推动驻潍坊各高校全部成立创新创业教育领导机构和指导服务机构，全部建成大学生创业孵化载体；协调各高校将创新创业教育作为必修课纳入人才培养方案，一般为2学分32课时，在不同学年开设。推动各高校加强创新创业教育师资服务建设，据统计驻潍坊高校共有校内创业指导教师200余人，兼职创业指导专家400余人。推动各高校开展创新创业论坛、创业路演、创客交流、创业者训练营等活动，营造创业文化氛围，实现"有机构、有平台、有师资、有课程"的创新创业教育。

三、潍坊市科技发展概况

潍坊市科技发展紧紧围绕市委、市政府"一三四七"目标任务和战略重点，以加快新旧动能转换为重点，以青岛、苏州等先进地区为标杆，深入实施创新驱动发展战略，全力推进"四个城市"建设，科技创新工作取得了显著成效。2017年，全市R&D经费支出占GDP的比重达到2.61%，比全省平均水平高0.27个百分点，居全省第四位。全市高新技术企业数量达到543家，居全省第二位。全市高新技术产业实现产值4165亿元，占规模以上工业比重达到34.35%，占比比年初提高1.22个百分点。

（一）创新载体建设取得新进展，自主创新体系不断完善

潍坊市积极推动十大产业创新中心、十大未来产业创新中心建设。依托雷沃重工、高新区生物园组建了智能农机装备创新中心、生物医药创新中心。确

定了虚拟现实、氢燃料电池、水压传动等未来创新中心培育对象，制定了培育建设方案。挂牌成立了市工业研究院，建立联席会议制度和储备项目库，设立了发展服务中心，单列了专家事业编制，并对行业研究院11家龙头企业安排了专项资金支持。

进一步加快科技创新园区建设。奎文区齐鲁创智园与复旦大学、中科大等20多家高校院所、技术转移和投融资机构达成合作意向10多项，园区15万平方米综合服务区基本完工，双创孵化区、专家公寓等配套设施正在加紧建设，基本完成了全市第一家市级科教创新园区的建设任务。

深入推进各类创新平台建设。全市新建省级农科驿站50家，居全省第一；新备案省级院士工作站25家，居全省第一；新建市级工程技术研究中心39家、市级重点实验室48家；新组建市级产业技术创新战略联盟12家，有15家科技企业孵化器和15家众创空间进入省备案公示名单，分别居全省第一位和第三位；备案市级众创空间25家。

（二）科技合作交流不断深入，产学研合作渠道进一步拓宽

潍坊市进一步拓展科技合作交流范围。聚焦现代产业领域，梳理汇总机械制造、精细化工等行业关键和共性需求，先后组织企业赴南京、武汉、苏州等地开展智能制造、绿色化工、生物医药等领域专项对接活动8次，推介发布高校院所技术成果1930项，对接企业技术需求205项，签署合作协议153项。

继续加大招院引所工作力度。按照整建制引进、建立分支机构、联合共建等方式，签约共建北航歌尔智能制造创新技术研究院、潍坊激光雷达技术研究院等高校院所研发机构37家，潍坊机器人研究院、西安交通大学潍坊能源动力技术研究院等38家研发机构已与相关高校院所达成合作意向。

积极开展国际科技合作。围绕"一带一路"建设拓展新渠道，寿光蔬菜产业集团、华以农业等3家企业入选省首批品牌国际科技合作基地，居全省首位。组织食品农业、生物医药、先进制造等领域企业赴澳大利亚、新西兰、以色列

开展国际科技合作对接活动3次，举办项目路演6次。成功促成潍柴集团与白俄罗斯马兹集团开展内燃机关键技术合作研究，并签署合作备忘录。成功举办了"新旧动能转换科技交流合作院士潍坊行"大型科技交流活动；中美食品与农业创新中心积极参与促成了"2017硅谷创业者潍坊行"活动，16名硅谷优秀企业家进行了项目路演，与潍坊市30多家企业达成了合作意向。

（三）高新技术产业快速发展，产业结构进一步优化升级

潍坊自创区建设成效明显，在2017年发布的2016年度全国147家国家高新区综合排名中，潍坊市高新区位于第22位；在地级市国家高新区中排名第二位，仅次于苏州高新区。潍坊市进一步加大高新技术企业培育力度，2017年全市有263家企业被认定为高新技术企业，创历年之最。全市高新技术产业实现产值稳居全省第四位，占比增幅也高于青岛、烟台、威海等半岛发达地市。

由科技部门主导的生物医药产业实现快速发展。编制了五年发展规划和三年行动计划，强力推进高新区生物医药园区、寿光富康制剂国际化等重点项目建设。2017年，全市生物医药产业实现主营业务收入370亿元，同比增长5.88%，全产业链突破500亿元。

积极举办各类创新创业活动。成功承办省中小微企业创新竞技行动先进制造和现代农业领域竞技分赛，全市247家企业参赛，120家企业成功晋级，占全省晋级企业总数的18.5%。62家科技型企业和科技创业团队入围"2017年山东省中小微企业创新竞技行动计划拟立项企业（团队）公示"名单，参赛企业、团队总数和拟立项项目总数均居全省第一位。

（四）积极申报各类科技项目，创新资源聚集能力不断提升

潍坊市进一步健全完善重大科技项目库，筛选一批优势项目申报省级以上科技计划项目，积极争取上级科技资源。潍柴动力"氢燃料电池"项目被列为国家重大创新专项，争取资金6亿元。目前，全市共争取省级以上科技项目146项，

获得扶持资金2.12亿元。其中，潍柴动力"工程机械排放控制技术与应用示范"项目列入国家重点研发计划"大气污染成因与控制技术研究"重点专项，争取资金2904万元。18个项目列入省重大科技创新工程专项，争取资金5300万元，居全省第二位。

编制《潍坊市建设国家创新型城市实施方案》，主动对接省科技厅和中华人民共和国科学技术部（以下简称科技部），积极推进国家创新型城市建设。抓住省属事业单位改制契机，积极推动省海洋化工科学研究院整建制划归本市，2017年，已获省编办批复，正在做好后续接收工作。全力推动"活力城市"建设，编制了创新活力专题规划、五年发展规划、三年行动计划和2017年重点任务目标。着力抓好创新人才聚集培养，全市入选国家万人计划7人，科技部创新人才推进计划人选4人，泰山产业领军人才11人。

（五）加快创新创业孵化载体建设，积极构建"双创"生态系统

潍坊市深入实施科技企业孵化器创新提升计划。坚持把孵化器建设作为区域创新体系的重要内容，全力支持孵化器发展壮大。新备案省级科技企业孵化器15家，新认定市级科技企业孵化器19家。目前，全市建成市级以上科技企业孵化器75家，其中国家级7家，省级20家，孵化总面积达到191万平方米，在孵企业2081家。

进一步加大对众创空间支持力度。按照"互联网+"创新创业模式，重点培育以创客空间、创业咖啡等为代表的创业孵化新业态，为小微创业企业和个人创业者提供更优质的服务。新备案省级众创空间15家、市级众创空间25家。目前，全市已建成国家级星创天地9家；建成市级以上众创空间72家，其中省级备案20家，国家级备案10家。

（六）畅通成果转移转化通道，技术创新能力显著增强

潍坊市进一步完善技术交易平台建设。全面征集电子信息、生物医药、高

端装备制造等领域应用型科技成果，已登记科技成果130余项。新引进天津科林泰科、山东舜源等科技服务机构3家，与青岛蓝海技术交易网实现网上成果发布、需求采集、成果展示、项目路演和在线对接等功能，征集发布中国科学院（以下简称中科院）、东北大学等院所科技成果2200多项，发布企业技术需求200多条。全市共完成技术合同交易2412项，实现交易额42亿元。

国家、省科技奖励成效明显，得利斯集团"两百种重要危害因子单克隆抗体制备及食品安全快速检测技术及应用"荣获国家科技进步二等奖；8项科技成果获省科技进步奖，其中，一等奖2项，二等奖4项，三等奖2项，在地市科技局推荐项目中，获奖数量居全省第二位。潍坊新力超导磁电科技有限公司成功研制出了首台3.0 T/850型核磁共振分子成像超导磁体样机；山东华特磁电3.0 T超导磁体等关键技术达到国际先进水平，打破国际技术垄断，也标志着潍坊市在超导磁体技术及其应用方面走在了全省、全国前列。

四、潍坊市经济社会发展概况

（一）经济实现平稳较快增长

2017年，潍坊市主要经济指标增幅均高于全省平均水平，固定资产投资、社会消费品零售总额、规模以上工业利润、规模以上工业利税等指标实现了两位数增长。地区生产总值完成5522.7亿元，居中国百强城市第32位，增长8%，高于全省0.4个百分点；一般公共预算收入跃上500亿元台阶，达到521.5亿元，增长9.1%，高于全省0.6个百分点。

全年共完成固定资产投资5112.5亿元，增长13.2%，高于全省2.7个百分点。累计实施投资过亿元项目1916个，总投资100亿元的生物基新材料产业园、70亿元的北汽福田山东互联网汽车基地、50亿元的歌尔声学VR产业园等一批重大项目开工建设。外贸进出口实现逆势增长，完成进出口总额1249亿元，居全省第 3 位，增长 6.3%，分别高于全国、全省 7.2 个百分点和 2.8 个百分点。

（二）转型升级深入推进

2017 年，潍坊市三次产业比例由 8.8 ∶ 48.2 ∶ 43 优化为 8.6 ∶ 46.4 ∶ 45。服务业占比提高 2 个百分点，增加值首次超过工业[①]。在工业用电相对稳定的情况下，规模以上工业利税、利润分别增长 11.8% 和 11.3%，高于全省 11.4 个百分点和 10.1 个百分点。全市高新技术企业总数达到 446 家，居全省第二位。新兴产业占比达到 14.7%，一年提高了 0.8 个百分点。品牌农业长足发展，全市 63.9% 的土地实现规模化经营，绿色食品认证数量占到全国 1/17，新增新型农业经营主体 2.69 万户，"三品"基地规模和品牌数量全省领先，创建为国家现代农业示范市。

（三）发展动能加快转换

2017 年，潍坊市科技进步对经济增长的贡献率达到 57%，高于全省 1.9 个百分点；全社会研发投入占 GDP 比重达到 2.59%，居全省第三位；全市发明专利申请量、授权量均居全省第三位。高新区获批建设山东半岛国家自主创新示范区，盛瑞 8AT 研发项目获国家科技进步一等奖。各类市场主体发展到 72.7 万户，其中企业 16.9 万户，分别增长 12.2% 和 23%。在全国率先推出鸢都创业证制度，发放创业担保贷款 18.38 亿元，支持 5.63 万人实现自主创业。

（四）改革开放力度加大

2017 年，潍坊市新承担国家、省试点 24 项。资源要素、农业农村、财税金融、社会领域改革取得重大进展。政府"放管服"改革走在全省前列，法治政府建设、城市信用状况评估分列全国第 9 位和第 14 位。积极融入"一带一路"建设，

---

① 政府工作报告解读之二 [N]. 潍坊日报, 2017-03-13.

潍坊国际多式联运大通道正式开通，"鲁新欧"青州号国际货运班列常态运行，潍坊成为连接东北亚和西南欧的重要节点。

东亚畜牧交易所正式挂牌运营，进口澳大利亚活体肉牛指定口岸顺利建设。中日韩产业博览会、全国首届农商互联大会等重点展会成功举办，鲁台会展中心成为省内首个通过国际展览业协会（UFI）认证的会展中心。潍坊市被评为全国"十佳会展品牌城市"，全市招商引资签约项目总投资额居全省第二位。

（五）区域发展更趋协调

潍坊市"海城河"全域统筹发展战略深入实施。全市常住人口城镇化率达到58.15%，较上年提高2.35个百分点，增幅列全省第二位。诸城成功入选第三批国家新型城镇化综合试点，寿光、安丘成为省级中等城市试点，寿光羊口镇成为省级新生小城市试点。重大基础设施建设全面提速，潍坊港六个5万吨级泊位试运行，两个2万吨级和四个5万吨级泊位主体完工；潍日高速、济青高速扩建、潍坊南绕城高速连接线等3个高速公路项目顺利推进。成功争取京沪高铁二线过境潍坊，济青高铁、潍莱高铁、疏港铁路加紧建设，被确定为全国100个区域性高铁枢纽城市和36个高铁物流枢纽城市之一[1]，区域性综合交通枢纽城市地位基本确立。

（六）民本民生持续改善

2017年，潍坊市财政用于民生领域的支出达到510亿元，占财政总支出的比重达到80%，较上年提高1个百分点。城乡居民人均可支配收入分别增长8.2%和8.1%，城镇登记失业率控制在2.97%，可量化项目保障标准全部达到或超过省均水平，提前两年实现国家农村饮水安全目标。5.5万人告别贫困，242个省定扶贫重点村成功摘帽。

---

[1] 刘曙光.践行新理念 推动新发展 为决胜全面小康建设现代化强市而奋斗[N].潍坊日报,2017-02-20.

启动深化"三八六"环保行动"十大工程",生态环境进一步改善,成功创建为国家森林城市。国家确定的农村薄弱学校改造任务提前两年基本完成,国家食品安全城市创建群众满意度和现场检查验收均取得全省最优异成绩,群众安全感测评持续保持全省前列,潍坊市位列"中国地级市民生发展100强"第19名。

第二节 潍坊创新型城市建设的基础优势与制约因素

一、创新型城市创建背景与全国试点概况

习近平总书记在党的十九大报告中提出了建设创新型国家、到2020年进入创新型国家行列的目标。科技部、国家发展改革委分别选取部分创新基础良好、优势特色突出、区域辐射作用明显的城市开展创新型城市试点。自2006年中央提出建设创新型国家的战略目标以来,我国已有200多个城市提出了建设创新型城市的目标。2008年,国家发展改革委批准在深圳建立国家创新型城市;之后,科技部和国家发展改革委又相继批准了国家创新型城市建设的三批试点城市。

第一批国家创新型试点城市始于2010年,山东省有济南、青岛入围。第二批国家创新型试点城市2012年启动,山东省有济宁、烟台入围。2017年,国家发展改革委、科技部组织专家对前两批61个创新型试点城市进行了验收评审,试点城市全部通过。2017年9月,科技部、国家发展改革委启动了新一轮创新型城市申报工作。全国共有60多个城市申报创建,山东省威海、日照、淄博、潍坊、东营、临沂、枣庄、莱芜等8个城市申报。经科技部组织专家对申报方案进行评审,2018年4月,科技部、国家发展改革委联合发文,重点支持

全国17个城市开展国家创新型城市建设，山东潍坊和东营两市成功获批创建，2020年科技部、国家发展改革委将组织验收。

截至目前，科技部、国家发展改革委先后共支持78个城市建设国家创新型城市。其中包括72个地级市，北京市海淀区、上海市杨浦区、天津市滨海新区、重庆市沙坪坝区4个直辖市城区，以及昌吉市、石河子市2个县级市。国家创新型城市试点区分布情况与部分创新型城市的GDP生产总值，如图2-1、图2-2所示。

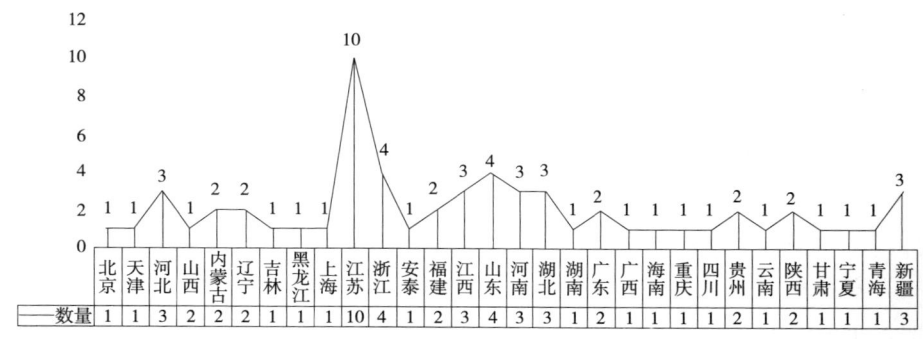

图2-1 国家创新型城市试点区分布情况

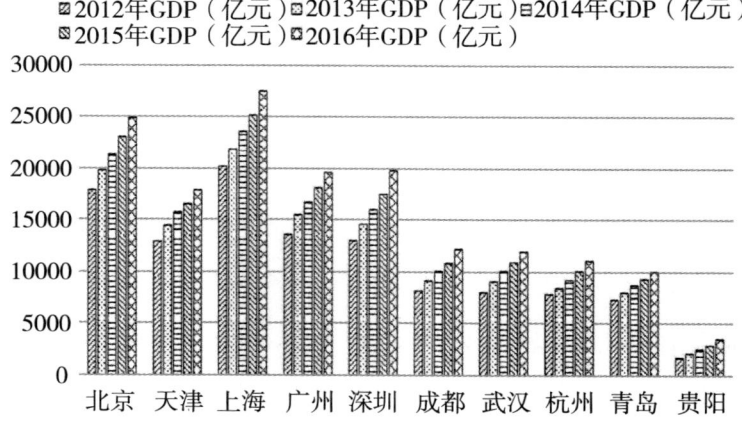

图2-2 部分创新型城市的GDP生产总值

二、潍坊建设创新型城市的基础优势

近年来,潍坊市深入实施创新驱动发展战略,以提高自主创新能力为核心,以支撑新旧动能转换、发展方式转变为主线,扩大创新供给,培育发展新动能[1],增强产业转型升级动力,科技创新对经济社会发展的支撑引领作用大幅提升。全市综合创新能力在全国地级市排名由第32位提升至第7位,潍坊市高新区获批参与建设山东半岛国家自主创新示范区[2];潍坊(寿光)省级高新技术开发区获省政府批复建设;全国农业科技工作现场会议在潍坊市成功举办,在全国推广了潍坊市农业科技创新的经验做法。

(一)创新平台载体建设成效明显,自主创新体系不断完善

潍坊市着力建设新型创新载体。以"政产学研金服用"为导向,布局建设制造业创新服务平台,组建浙江大学潍坊工研院,聚集浙江大学人才、技术资源,作为全市技术创新综合型服务平台,支撑全市企业开展关键共性技术研发、科研成果转化。

近年来,潍坊市按照市委、市政府决策部署,着力推进科技创新平台建设,初步形成了国家、省、市三级有机衔接的科技平台技术创新体系。目前,全市共建成国家级工程技术研究中心2家(潍柴动力、盛瑞传动),省级工程技术研究中心116家,市级工程技术研究中心681家;国家级企业重点实验室1家(潍柴动力),省级重点实验室13家,市级重点实验室294家;省级以上科技企业孵化器达到27家,其中国家级6家;建成省级技术创新中心2家(潍柴动力、雷沃重工),省级以上众创空间30家,其中国家专业化众创空间1家,国家备案众创空间6家。2019年,推动34家企业申报省级重点实验室。

---

[1] 慕溯.高质量激活科技创新新动能[J].走向世界,2019(18):18-23.
[2] 谭黎明.启动创新新引擎 竞进发展结硕果[N].潍坊日报,2017-10-15.

潍坊市坚持把创新平台建设作为提升企业自主创新能力的关键环节，着力为产业共性技术研发提供保障[①]。潍柴动力建成国家商用汽车动力系统总成工程技术研究中心、国家内燃机可靠性重点实验室，盛瑞传动建成国家乘用车自动变速器工程技术研究中心[②]。布局谋划了十大产业创新中心、十大未来产业创新中心。市工业研究院挂牌成立，成立了3家行业研究院。齐鲁创智园建设进展顺利，于2018年9月交付使用，成为潍坊市首个科教创新园。

在智能农机领域，按照制造业创新中心标准和要求，由雷沃重工布局建设了山东省雷沃智能农机装备技术创新中心，已实现智慧示范农场全程机械化无人驾驶作业，将辐射带动潍坊市农机装备工业创新能力提升。在铸造行业领域，布局建设了山东省数字化绿色铸造技术与装备创新服务平台，促进铸造行业技术升级。在智能制造领域，布局建设了北航歌尔智能制造研究院，为全市工业智能化改造提供整体解决方案。

2019年，潍坊市由雷沃重工牵头组建的山东省农机装备技术创新中心（试点）被认定为省级制造业创新中心，是全省首批5个技术创新中心之一，并列为省新旧动能转换重点项目；默锐科技牵头建设的山东省绿色海洋化工创新中心列入全省第二批制造业创新中心试点培育名单，潍柴动力等4家企业列入国家技术创新示范企业。

（二）科技合作交流不断深入，产学研合作渠道进一步拓宽

主要体现在以下几个方面。

其一，产学研合作渠道不断拓宽。根据全市产业发展需求，潍坊市全面梳理出全市各类创新资源和技术需求。坚持把与中科院、清华大学等国内外重点高校院所科技合作放在科技创新的战略位置，全力加以推进。与中科院科技促进发展局、化学所等61家科研院所进行了对接，全面建立长效合作

---

① 傅元媛. 众创空间发展策略研究[D]. 南京：南京航空航天大学, 2018.
② 石莹. 激发第一动力 建设创新型城市[N]. 潍坊日报, 2017-03-04.

对接机制。与86家中科院研究院所开展信息互通互享，举办了15次成果对接洽谈会，签署校企或校地合作协议60多项。

其二，招院引所工作稳步推进。潍坊市坚持把招院引所作为科技合作交流、提升科技创新能力的重中之重，全方位开展与重点高校院所的深层次合作，最大限度满足企业对高层次人才、技术的需要。在聘请清华大学等高校院所12名专家担任全市科技合作联络员的基础上，专门成立了招院引所小分队，定期到高校院所集中的城市，开展专题招院引所活动。

其三，国际科技合作成效显著。潍坊市大力推动与美国、以色列等国家科技合作交流，全面链接全球创新高地[1]。成功举办了山东（潍坊）—以色列科技产业对接洽谈会、2013海峡科技论坛等高端对接活动。重点推动与以色列科技合作，利用硅谷资源，引进加州大学戴维斯分校落户潍坊共建中美食品与农业创新中心。

（三）高新技术产业快速发展，产业结构进一步优化升级

主要体现在以下几个方面。

其一，不断扩大高新技术产业规模。潍坊市把培育高新技术产业作为推动产业结构优化升级，推动经济高质量发展的突破口，根据产业、企业的不同发展阶段，加强分类指导，实行重点突破。创新型企业已经成为潍坊市产业转型升级的重要力量。

其二，充分发挥高新区辐射带动作用。积极推动潍坊高新区融入国家重大科技发展战略，打造区域创新优势[2]。积极探索"一区多园"建设模式，强化高新区与高密、青州等县市专业园区沟通对接，形成了"一区六园"发展格局，进一步扩大高新区辐射带动范围，激发各专业园区创新活力。深入实施科技园区工程，全市建成动力机械、磁电装备等12个国家火炬计划特色产业基地，打

---

[1] 石莹.激发第一动力　建设创新型城市[N].潍坊日报,2017-03-04.
[2] 谭黎明.创新新引擎　竞进发展结硕果[N].潍坊日报,2017-10-15.

造了半导体照明、电声器件等一批高新技术特色产业集群，成为加快全市产业发展的示范区和辐射区。

其三，不断加强农业科技创新能力。寿光建成国家黄河三角洲农业科技示范区辐射区和潍坊（寿光）省级农业高新技术产业示范区，青州、寿光分别建成国家级农业科技园区，诸城、昌乐等县市建成省级农业科技园区15个。寿光果菜品种权交易中心获省政府正式批复，实现了从蔬菜、水果等品种权到种子、种苗及农产品的链条式新型交易模式。全力推动农业信息化建设，进一步完善农业专业信息服务站点布局。在8个县市规划建设了233家服务站点，覆盖农户10万多家，有力推广了农业信息化技术。

其四，聚集整合优势资源，科技成果转化能力显著增强。潍坊市紧密结合本市优势产业，把优化科技服务、争取科技资源作为关键环节，提升企业创新水平，促进科技成果转化。潍柴动力、盛瑞传动、得利斯集团、潍坊新力超导磁电科技有限公司等龙头企业不断创新，部分关键技术已达到国内、国际先进水平。

（四）全力聚集优质科技资源，创新创业环境日益优化

主要体现在以下几个方面。

其一，完善科技创新政策体系。围绕深化科技体制改革，全面服务于经济发展，潍坊市委、市政府先后制定出台了《深化科技体制改革加快创新发展的实施意见》《支持创新创业财税政策30条》等政策文件[1]。出台《科教创新园区认定管理办法》，加快吸引、聚集优势科教资源，建设全市科教创新高地。在全市科学发展综合考核中，把高新技术产业产值占比、创新平台建设、企业研发投入等列入指标考核体系[2]，充分调动各县市区创新发展的积极性。严格落实研发经费加计扣除、高新技术企业税收减免等优惠政策，仅近三年就为高

---

[1] 谭黎明.启动创新新引擎 竞进发展结硕果[N].潍坊日报,2017-10-15.
[2] 孙孔嘉.点燃科技新引擎 释放发展新动能[N].潍坊日报,2016-12-05.

新技术企业减免税收 20 多亿元。形成了国家、省、市关联配套的科技创新政策体系，为全市创新发展提供了强有力的政策保障。

其二，加快推动科技金融结合。不断加大科技经费投入，成立市科技创新基金，综合运用无偿资助、绩效后补助、资本金入股等方式，引导社会资本参与自主创新。会同市金控集团成立了潍坊市国信创业投资有限公司，注册资金达到 5 亿元，建立了以高新技术企业、科技型中小企业为主的创新创业资源库，打造集股权投资、保荐承销、路演服务等投行服务于一体的综合性科技创投服务平台。设立了 3 亿元的创新基金，重点支持科技创新型企业，培育细分行业的领军企业及"科技小巨人"，已支持企业 21 家，带动社会资金投入 20.1 亿元。推动企业加快上市，全市挂牌齐鲁股权"科技板"企业 11 家，数量居全省第二位[1]。

其三，积极聚集优质科技资源。紧密结合潍坊市优势产业，坚持把优化科技服务、争取科技资源作为提升企业创新水平、促进科技成果转化、形成优势产业集群的关键环节。建立健全了重点科技项目库，共组织实施省级以上科技项目 1108 项，争取无偿扶持资金 17.3 亿元。进一步加强科技人才培育和引进，积极做好创新创业大赛组织工作。

三、潍坊创新型城市建设的制约因素

当前，潍坊正处于蓄势崛起、跨越发展的关键时期，处于爬坡过坎、攻坚转型的紧要关口，自省审视潍坊的科技创新，虽然积累了一定的发展基础，但与新形势发展要求、与先进地区相比，依然存在着一些问题和制约因素。

（一）高新技术产业规模偏低

高新技术产业的发展情况是区域科技竞争力的重要体现，在很大程度上综合反映了一个区域科学技术推动经济社会发展的能力。

---

[1] 潍坊市科技局局长 2017 年全市科技工作会议讲话稿[EB/OL].http://www.doc88.com.

其一，高新技术产业占比仍低于全省平均水平，产业结构有待进一步调整。从高新技术产值、占比和高新技术企业数量这几个必要指标看，2017年，潍坊市高新技术产业产值累计4165.05亿元，排在青岛（7531.37亿元）、烟台（6314.69亿元）、东营（4705.02亿元）之后，居全省第四位；处于第五位的淄博发展迅猛，在产值总量上距潍坊市的差距也越来越小。产值占比潍坊市仅为34.35%，分别比济南、青岛、烟台、威海、淄博低10.8个百分点、8.16个百分点、8.14个百分点、6.78个百分点、0.13个百分点，比全省平均水平还要低0.61个百分点，这与潍坊市经济发展水平极不相称。

其二，在市域范围内，潍坊市也面临区域发展不均衡的问题。四区（奎文、潍城、坊子、寒亭）高新技术产业产值总和不及诸城、寿光各自的1/4，仅和临朐相当；另外，诸城、高密两个经济大市在占比和增幅上都远低于全市平均水平，说明潍坊市产业结构、创新能力亟须更大提升，传统产业占主导的局面尚未根本改观，以"四新"促"四化"的科技工作任务还很艰巨。

从全省高新技术发展情况数据分析看，潍坊市传统产业总量大，高新技术产业特别是新兴产业企业规模小，产业结构仍需进一步调整，企业转型升级的任务仍很艰巨。

（二）创新资源匮乏，研发能力相对较弱

本土的科技研发能力是一个区域创新能力真实水平的重要反映。科研院所少、人才少、企业吸引人才能力弱，一直是制约潍坊市研发能力提升的短板。加之作为三线城市，在高等教育不发达的情况下，研发投入不足，本土研发能力的"短板"进一步凸显。

在总体研发投入上，潍坊市2016年全社会研发（R&D）经费投入为144.1亿元，约为青岛的1/2，苏州的1/3，深圳的1/6。在高校数量上，全市本科院校仅5所，而青岛省属以上高校就有14所，苏州高等院校数量更是达到30多家。潍坊市纳入国家统计的14家科研院所中运转良好的仅有海南省科学发展研究院

（以下简称海科院）、中国农业科学院（以下简称农科院）2家，无法满足企业创新活动的技术需求。

在高层次科研人才数量上，潍坊市"千人计划"专家是75人，而青岛有180多人，济南、青岛的"驻当地院士"数量分别达到6人、28人，潍坊的"驻潍院士"数量还未实现"零"的突破。为此，引进"外援"，多方式、多渠道集聚智慧、借力提升创新能力的任务仍然艰巨。

（三）高端研发平台少

各类研发平台是实现科技成果向现实生产力转化的重要基础和聚才引智的"事业平台"，高端科技创新资源少、要素散、聚集度低的问题，也一直是制约潍坊市科技创新发展的瓶颈。

从数量上看，潍坊市省级以上工程技术研究中心110家，国家级仅为2家，而济南、青岛都分别达10家以上。现有研发平台近70%仅限于对企业自身提供日常技术服务，研发活动少、研发能力低，资源共享率不高，开放性不强，难以充分满足企业创新活动的技术需求，而真正取得核心技术突破，并实现成果转化形成产业化的更是寥寥无几。

从分布范围看，现有的科技研发平台主要集中在规模以上企业，绝大部分小微企业没有组建研发机构。全市省级以上企业科技创新平台仅占总量的30%，省级以上高层次研发平台大多分布在高新区、诸城市、寿光市，其他县市区数量偏少。院校、科研机构的创新平台重理论、轻应用，不能跟企业有效对接。

因此，要想打破瓶颈、实现蝶变，促进企业核心技术突破，助推全市创新能力的全面提高，推动科技创新平台"提档升级"是潍坊市当前重点要解决的问题之一。潍坊国家级创新平台数量偏少，今后在国家级创新平台布局上还需要国家政策的支持，期望借助高端创新平台的建设，提高潍坊的区域创新能力。

（四）创新投入不足，高层次人才比较缺乏

潍坊市创新投入不足，高层次人才比较缺乏。政府科技研发投入偏低，在全社会研究与试验发展（R&D）经费投入中，政府资金仅占6%左右，而多数的县市区更低。受地理位置和高等教育资源竞争力不足等客观因素的影响，高层次人才引进和培育仍存在一些困难。潍坊市申报的国家"千人计划"专家仅有19人（总数75人），占全市总量的25.3%。特别是中小微企业，普遍存在人才"引不来，留不住"等问题。

第三节 潍坊创新发展的重点措施与支撑成效

一、潍坊市创新发展的指导思想

潍坊市创新发展的基本思想为：以习近平新时代中国特色社会主义思想作为行动指南，全面贯彻落实党的十九大精神，深入实施创新驱动发展战略，牢固树立创新"第一理念"，强化科技"第一生产力"，激发创新驱动"第一动力"[①]，集聚创新人才"第一资源"，统筹国内外创新资源、优化创新载体布局、提升全市创新能力，为加快新旧动能转换、推进高品质城市建设增添新动力。

2020年潍坊市创新发展的总体目标是：全面推动创新型城市建设，力争科技进步对经济增长贡献率达到58%，全社会R&D经费支出占GDP的比重达到2.63%；高新技术产业产值占比提高1个百分点左右。具体而言，突出一个目标，即全面提升全市自主创新能力，确保全市科技创新能力继续保持全省前列；坚

---

① 打造中西部创新高地 推动经济高质量发展[N].包头日报,2020-04-27.

持两条主线，即以新旧动能转换和高品质城市建设为主线，深入谋划、推进科技创新各项工作，为推进潍坊市创新发展提供重要的科技支撑。

二、潍坊市创新发展的重点推进措施

为推动创新发展，潍坊市制定了科技创新计划。

（一）实施创新平台"提档升级"计划

潍坊市着力在高端、效能上下功夫，推动平台载体集成创新能力持续提高，平台条件、研发水平、对外交流与服务的能力与品质显著提升。

其一，加强对市智能农机、生物医药产业技术创新中心调度督导。健全完善十大未来产业技术创新中心建设方案，重点推动水压传动凿岩、机器人模块化关节等技术创新中心建设进度，着力突破一批关键核心技术，打造国内顶尖的行业技术研发平台。

其二，加快市工业研究院建设。按照"成熟一个，启动一个"的机制，在重点领域再布局建设2~3家行业研究院。

其三，实施园区提升工程。集中力量推动齐鲁创智园建设，推进潍坊市级科教创新园区顺利运行。支持青州、昌乐农业科技园区提档升级。

其四，依托重点领域龙头企业，加快建设一批重点实验室、工程技术研究中心、产业技术创新战略联盟等创新平台，增强企业技术创新能力。2020年建成省级以上科技创新平台10家以上，新建市级科技创新平台30家以上。

（二）实施产学研合作"纵深推进"计划

潍坊市着力在拓宽渠道、密切合作、项目落地上下功夫，推动企业、高校、科研院所精准对接、深入合作。

其一，继续深化与高校院所建立长效务实的合作关系。组织企业与国内外高校院所专家团队开展高效、精准对接6次以上。聚焦产业发展需求，发挥企业主体作用，全力推动中科院、农科院所属院所及山东大学等高等院校来潍坊设立研究院或分支机构。

其二，积极开展国际科技合作。实施国际合作创新行动计划，开展与"一带一路"国家科技交流，在推动国际科技合作方式创新、平台建设、引进国外先进技术和项目联合研发等方面实现新突破。

（三）实施高新技术产业"培强做大"计划

潍坊市着力在培育高新技术企业上下功夫，进一步壮大高新技术企业的规模。以高新技术企业培育为抓手[①]，落实《高新技术企业认定管理办法》，遴选一批高新技术产业领域的科技型小微企业进行重点培育，力争新认定高新技术企业50家以上。

着力在示范带动、提质增效上下功夫。充分发挥高新区的自主创新示范区的带动效应，支持高新区在关键核心技术研发、主导产业培育等方面先行先试，培育壮大面向蓝色经济的光电和动力机械产业[②]。大力推动半导体发光、动力装备、生物医药等创新型产业集群发展，着力打造一批集研发、生产、检验检测等于一体的全产业链基地、园区。确保全市高新技术产业产值占比提高1个百分点左右。

（四）实施科技成果转移转化"提质增效"计划

潍坊市着力在完善科技服务方式、提升转移转化效果上下功夫，打通从科研成果到现实生产力的"最后一公里"，实现成果转移转化双提升。2020年已培育科技成果150项，促进80项重大科技成果转移转化。

---

① 张密沙.基于QCA方法的汽车行业供应链协同创新与组织绩效关系研究[D].郑州：河南工业大学,2019.
② 石莹.激发第一动力　建设创新型城市[N].潍坊日报,2017-03-04.

完善技术交易平台服务模式，有针对性地搜集、整理国内外重点高校院所成熟科技成果，完善企业信息库、科技专家库和技术项目库。开展市级技术转移示范机构认定，调动技术经纪人和专利代理人服务意识，增强服务能力。引进高校院所转移机构5家以上，培育高端科技服务机构20家，总数达到30家以上。

强化科技金融服务载体建设，发挥科技成果转化贷款风险补偿资金引导作用，支持签约商业银行开发科技成果转化专属金融产品，为科技型企业提供个性化、订单式服务。

（五）实施创新活力"竞相涌现"计划

潍坊市着力突出企业吸引人才的主体地位，围绕优势产业领域，积极推荐申报科技部创新人才推进计划和国家"万人计划"。扎实落实高新技术企业税收优惠、研发费用加计扣除、人才引进、招院引所等各类科技创新优惠政策，激发企业创新活力。

深刻理解把握上级政策导向，精准挖掘、精心包装科技项目，力争全市100个项目列入国家、省计划，争取各级各类科技计划项目资金2亿元以上。继续实施孵化器改造提升工程，大力发展众创空间、星创天地、农科驿站等创新型孵化载体[①]。新建或提升科技企业孵化器10家、众创空间3家以上，新增孵化面积20万平方米。积极组织省中小微企业创新竞技行动、创新大赛、科技活动周等活动，挖掘、培育一批有发展潜力的科技型企业。

潍坊市在现代农业、装备制造等方面探索出了一些成功经验，走在全国前列，涌现出了寿光蔬菜集团、潍柴动力等典型企业代表。今后，在国家重点研发计划、科技资金安排等方面应争取上级加大支持力度，推动潍坊市优势产业做大做强。

---

① 陈伟.潍坊绘就创新型城市"路线图"[J].走向世界,2018（30）：26-29.

（六）实施重点创新项目计划

潍坊市积极组织企业实施创新项目，促进科技成果转化。自 2017 年以来，共组织实施省级创新项目 1759 项，居全省第二名。围绕国家智能制造、企业创新能力建设等试点示范工程，先后争取歌尔股份可穿戴智能工厂等 6 个项目列入国家智能制造试点示范、新模式应用项目计划；北汽福田股份有限公司山东多功能汽车厂绿色智能工厂建设等 9 个项目列入山东省智能制造试点示范项目计划。歌尔股份等 4 家企业被评为国家技术创新示范企业，入选数量居全省前列。17 家企业列入山东百年品牌培育计划，争取潍柴动力等 3 个全国质量标杆、4 个省工业企业质量标杆。

2019 年上半年，全市共申报省技术创新项目 236 个，数量居全省二位。获批省级技术创新示范企业 9 家，位列全省第二位。8 家企业入选山东制造·硬科技 TOP50 品牌榜，数量居全省第二位；9 家企业被评为省级技术创新示范企业。

三、创新型城市支撑作用逐步显现，取得显著成效

（一）全市科技创新能力持续增强

2018 年，潍坊市主要科技创新指标稳步提升，全社会研发投入达到 153.25 亿元，占 GDP 的比重达到 2.62%，居全省第四位。企业培育取得新突破，潍柴动力等 3 家企业列入省智能制造标杆企业，国家级制造业单项冠军企业达到 7 家，省级制造业单项冠军企业累计达到 24 家，省级"隐形冠军"企业累计达到 64 家，省瞪羚企业累计达到 29 家[1]，省级制造业单项冠军、省级"隐形冠军"、省瞪羚企业数量均居全省首位。

潍坊市深入实施高新技术企业"育苗造林"行动。高新技术企业加快成长，

---

[1] 刘杰. 聚势起舞 春潮涌动[N]. 潍坊日报, 2018-12-18.

全市高新技术产业产值占比达到 48.78%（2018 年第二季度）[①]，高于全省平均水平 8.05 个百分点，居全省第五位。

（二）企业创新体系更加完善

全市 80% 以上大中型企业都建立了研发机构。已建成国家级企业技术中心 11 家，省级企业技术中心 219 家，国家级工业设计中心 1 家，省级工业设计中心 18 家，省级企业技术中心、省级工业设计中心数量均居全省首位。商用汽车动力系统总成、机器人与智能制造等十大创新中心全部挂牌运营。雷沃重工获批潍坊市首个"国家级工业设计中心"。

截至 2019 年上半年，共建成省级以上工程技术研究中心 118 家（其中国家级 2 家），居全省第二位；重点实验室省级以上 16 家（其中国家级 1 家），居全省第四位。备案省级以上科技企业孵化器 36 家，省级以上众创空间 39 家。备案山东省院士工作站 98 家，居全省第一位。

（三）人才支撑作用明显

全市按照创新型省份建设实施方案部署要求，认真贯彻落实深化创新型省份建设若干措施，聚焦聚力招才引智，持续加大人才机制、人才政策、人才活动、人才服务统筹力度，人才支撑创新型城市建设的作用显著。

潍坊市围绕省、市产业领军人才工程建设，坚持"引进和培育、申报和管理"并重的原则，扎实做好高层次产业领军人才引进和培育工作。全市共有 32 名专家入选泰山产业领军人才（传统产业创新类），连续 5 年居全省首位。雷沃重工赵春江当选中国工程院农业学部院士。盛瑞传动王书翰入选"国家百千万人才工程"，被授予"国家有突出贡献的中青年专家"荣誉称号，荣获国家科学技术进步一等奖。得利斯胥传来入选中组部万人计划"科技创新领军人才"，

[①] 姚沅志.创新激活新动能改革释放新活力：2019 年潍坊新旧动能转换起势记[N].山东画报，2020-01-15.

获得国家科技进步二等奖。豪迈科技张伟率领的项目团队获得山东省科技进步一等奖、中国机械工业科技进步一等奖，荣获全国质量标杆。帅克机械段星光入选国家重点研发计划"智能机器人"重点专项总体专家组专家。

截至2019年9月，全市人才资源总量达到197.7万人，其中硕士学位和副高级职称以上人才12.86万人（博士1228人）；合作院士134人，其中院士工作站88家、院士专家工作站46家；自主申报入选国家"千人计划"专家21人、"万人计划"专家23人，泰山系列领军人才127人，鸢都产业领军人才187人，连续8次被省委、省政府表彰为人才工作先进单位。

（四）全市工业发展质效明显提升

全市拥有规模以上工业企业近3000家，从业人数超过100万人，工业经济综合实力始终保持在省内前列，总量约占全省1/10、全国1/100，工业税收占全市税收比重始终保持在50%以上。近年来，全市规模以上工业在增加值保持稳定增长的同时，工业利税和利润始终保持在两位数增幅，均高于全省平均水平。十强产业持续向好，产业规模持续扩大。以新产业、新技术、新业态、新模式为主导的"四新"经济不断壮大，为推进创新型城市建设提供了有力支撑。

新产业方面，2019年上半年全市新一代信息技术产业、高端装备、新能源新材料产业分别实现营业收入181.5亿元、635.5亿元、399.5亿元，均居全省第四位；实现利润总额14.8亿元、63.8亿元、16.6亿元，分别居全省第二位、第一位、第五位。

新技术方面，2019年全市承担省级以上各类科技计划项目151项；专利申请量、授权量同比分别增长33.6%、26.1%，均居全省第三位。盛瑞8AT、潍柴商用车动力总成技术先后获国家科技进步一等奖。潍柴氢燃料电池获批国家氢燃料电池专项试点，奥精"骼金"医疗材料、天瑞磁悬浮离心鼓风机、豪迈化工微反应器等新型产品填补国内空白。

新业态新模式方面，实施"互联网+"行动、"全面触网行动"和"千企上云计划",推进产业智慧化、智慧产业化。截至2019年,上云企业超过3000家,全市70%以上的规模企业,实现了研发设计、生产、管理、销售全流程的信息化应用。例如,孚日家纺通过实施机器换人,新上自动化、智能化纺织设备400多台套,减少一线用工1500多人,降低人工成本7500多万元。

(五)传统产业加速转型升级

潍坊市进一步完善企业能耗、环保、质量、技术、安全准入标准,完成对钢铁、煤炭、水泥等重点行业的综合标准评价,制定了加快六大高耗能行业高质量发展实施方案,依法依规推动落后产能退出。制定全市技术改造、智能化改造、绿色化改造三年专项行动方案,出台铸造行业转型升级方案、数字经济发展意见,推动传统产业集群化、高端化、绿色化发展。

深入实施"三个模式"创新提升攻坚行动,获批全国首个农业开放发展综合试验区,全国蔬菜质量标准中心已编制蔬菜生产技术标准37项。以省级化工产业园区建设为抓手,倒逼化工产业转型升级,2019年,获批省级化工产业园区9个、重点监测点13个,新和成产业园、中化弘润高端化工产业基地等高端化工项目推进顺利。

(六)优势产业集群快速发展

针对潍坊"打造国家农业开放发展综合试验区、虚拟现实产业基地、国际动力城"定位[①],依托潍柴动力、歌尔股份、中国食品谷等龙头企业、重要平台,推动重点产业集群、集聚、集约发展[②],培育形成高端动力装备产业集群、声学光电产业集群、寿光蔬菜产业集群、诸城高端畜牧业产业集群、黄金珠宝文化创意产业集群、金融业态创新产业集群、青州全域旅游产业集群、潍坊现代海洋产业集群、滨海高端绿色化工产业集群等一批优势产业集群。其中,高

---

① 尹莉莉.改革擂重鼓 潜能变动能[N].潍坊日报,2019-12-29.
② 山东经济形势分析与预测(2018)[R].山东蓝皮书,2018-03-15.

端动力装备产业集群、诸城高端畜牧业产业集群主营业务收入突破500亿元，声学光电产业集群等7个产业集群主营业务收入均超过200亿元。

第四节　创新型城市建设重点任务推进情况

自获批建设创新型城市以来，潍坊市在山东省委省政府的坚强领导和科技部、国家发展改革委的正确指导下，紧紧围绕创新型城市建设的工作要求，贯彻落实新发展理念，突出科技创新核心地位，大力实施创新驱动发展战略，为创新型省份建设提供有力支撑。

一、突出企业主体地位情况

（一）企业培育体系不断完善

潍坊市市场主体数量保持快速增长，2019年1—8月，全市新增各类市场主体13.4万户、总量达100.8万户；潍坊市加强企业家队伍建设，开展全市向潍柴集团和谭旭光同志学习活动，弘扬企业家干事创业精神；重点企业培育成效明显，潍柴集团、晨鸣集团上榜"2018中国企业500强"，18家农业龙头企业获评2019年全国农业产业化龙头企业500强、居全省首位。

（二）加快培植引领发展型科技企业

潍坊市深入实施高新技术企业"育苗造林"行动和"小升高"计划，2019年全市高新技术企业总数达到704家、居全省第二位（不含青岛）；共入库国家科技型中小企业555家，总量居全省第四位。建立隐形冠军企业培育库，开展市级隐形冠军企业评选，构建梯次培育格局，新增省级隐形冠军企业22家、瞪羚企业 8 家，省隐形冠军企业总量居全省前列。

为建立健全有效的激励约束机制，推动潍坊市企业加快新旧动能转换，引导企业实现高质量发展，潍坊市将经营绩效考核指标分为基本指标和个性化指标。将科技创新投入视同企业实现效益，在计算经营绩效指标时一并予以考虑，引导企业加大科技投入。

企业质量品牌建设成效明显。2019 年以来，全市新增注册商标 7608 件、同比增长 38.6%，有效注册商标总量达到 92302 件、同比增长 31%，总量居全省第四位。潍柴动力、歌尔股份等 20 家企业入选省制造业高端品牌企业榜单[①]。2019 年上半年，全市高新技术产业产值占规模以上工业总产值比重达到 48.78%，高于全省平均水平 8.05 个百分点，居全省第五位。

（三）积极组织参加省中小微企业创新竞技行动

潍坊市成功承办省中小微企业创新竞技行动计划先进制造和现代农业现场竞技活动，2018 年全市创业大赛落地项目 14 个，有 13 个通过验收，验收通过数量居全省第一位。截至 2019 年 10 月，全市共组织 360 家科技型中小微企业和团队报名参赛，104 家企业和团队成功晋级省决赛，71 家企业和团队进入各领域前 50%，5 家企业晋级国赛，数量均居全省前列。

（四）加快推进新旧动能转换

新动能支撑作用逐步显现，传统产业转型升级加快进行。全市科技创新能力持续增强，主要科技创新指标稳步提升，2018 年全社会研发投入达到 153.25 亿元，占 GDP 的比重达到 2.62%，居全省第四位。

传统产业集群化、高端化、绿色化发展方面，实施"三个模式"创新提升攻坚行动。新和成产业园、中化弘润高端化工产业基地等高端化工项目推进顺利，2019 年上半年高端化工产业实现营业收入 366.2 亿元、利润总额 23.8 亿元，

---

① 尹莉莉．改革擂重鼓　潜能变动能[N]．潍坊日报，2019-12-29．

分别居全省第四位、第二位。新增6家A级物流企业，3A级以上物流企业数量达44家，寿光文家智慧物流园获评全国2019年度优秀物流园区。文化创意产业规模以上企业实现营业收入276.5亿元、居全省第三位；接待游客3833万人次、同比增长10.5%，A级景区收入居全省首位。

（五）进一步提升要素配置效率

潍坊市积极发挥银行融资主渠道作用，创新开展"政银保""银税互动""无还本续贷"等便捷信贷业务，发放银税互动贷款3.6亿元，发放无还本续贷200余亿元。进一步强化存量土地盘活利用，通过闲置挖潜、增减挂钩等手段供应土地9700亩（1亩≈666.67平方米），创新实施"先租后让""长期租赁""弹性年期出让"等工业供地模式，保障项目用地需求[①]。

实施工业企业综合评价，完成全市规模以上工业企业、用地3亩以上规模以下企业摸排工作，企业数据采集和分类评价工作有序推进，诸城、寿光入选全省试点。印发潍坊市高层次人才分类目录，出台"一事一议"引进人才办法，加快重点人才工程建设，2019年，全市共有21人申报入选国家"千人计划"专家、23人申报入选国家"万人计划"专家、79人申报入选泰山产业领军人才。

二、突出平台集聚效应情况

（一）加大"双招双引"力度

潍坊市出台加大"双招双引"工作力度的若干政策措施、加强专业招商工作的指导意见、招商项目跨区域流转和利益共享机制等政策，实行"一月一调度、两月一谈话、一季一点评、半年一观摩、年底一考评"的推进措施，组建"十大产业""双招双引"工作专班，在北京、上海、深圳、济南、青岛设立驻外

---

① 尹莉莉.改革擂重鼓 潜能变动能[N].潍坊日报,2019-12-29.

招商引智小组，创新开展委托招商、协议招商。突出"一把手"负责制，市主要领导先后带队到北京、上海、杭州等6个地市和意大利、以色列等国开展"双招双引"，县市区、市直部门单位主要负责人外出开展"双招双引"活动200余次。

2019年1—8月，全市签约"十强"产业项目218个，总投资1839.4亿元，引进高端技术人才（团队）245人，兴瑞生物、邦普种业等16家单位新备案山东省院士工作站。引进中科院化学所、建设化工新材料产业技术研究院和中试基地，引进中科院沈阳应用生态研究所、设立现代农业与生态环境研究院，引进中科院半导体研究所、成立先进光电芯片研究院，引进农科院寿光蔬菜研发中心等科研院所合作项目71项，潍柴集团与中科院共建了潍柴研究院，歌尔股份与北航成立机器人与智能制造研究院。

其中，中科院化学所潍坊化工新材料产业技术研究院利用化学所在人才、技术等方面的优势资源，建设集技术研发、成果转化、企业孵化、技术咨询、人才培养、学术交流等功能于一体的新型研发机构，将促进潍坊市产业与科研的深度融合，提升全市高端化工、新材料产业的科技创新能力和市场竞争力，该项目在北京参加了"双招双引"重点项目集中签约仪式。

（二）积极推进科技孵化器转型升级

潍坊市全力推动科技企业孵化器转型升级。遵循突出特色、转型发展的思路，在对全市孵化器深入调研的基础上，确定以推动科技成果转化、创业辅导、创投融资、人才引进为转型升级重点，结合科技企业孵化器发展水平、拓展空间、产业前景、团队建设等实际情况，对标广州、成都、常州等先进城市，制定相关优惠政策和激励措施[①]，支持科技企业孵化器向专业化发展。

进一步加快专业孵化器建设步伐，大力提升孵化器的孵化能力和运行质量。建立健全孵化服务接力促进机制，集成各类创新创业资源，针对不同发展阶段

---

① 贺德良，朱海龙.科技企业孵化器育强潍坊"发展大翅"[N].潍坊日报，2015-11-16.

的科技企业，提供差异化服务，形成了适合孵化初创企业、成长性企业和高成长性企业特点的企业孵化和加速服务模式。

进一步完善创业导师辅导服务体系。充分利用全市高校院所、优秀企业家群体等资源，有针对性地筛选技术、财务、法律、金融等各方面专业人才，建立多层次创业导师服务队伍[①]，为在孵企业进行创业培训、企业诊断、产品规划、企业管理、市场开拓、企业咨询等方面的咨询辅导，提高孵化效率和创业成功率。2019年，全市已入库专各类创业导师400人，超过90%的孵化器配有专职创业导师，基本形成了全链条创业导师队伍。

2018年，全市新增孵化面积22万平方米，孵化总面积达到243.6万平方米，在孵企业达到2373家，在孵企业拥有发明专利334个，软件著作权897个。截至2019年10月，全市正式投入运行的市级以上科技企业孵化器达到77个，其中国家级7个、省级29个[②]，省级科技企业孵化器数量居全省第一位；全市科技企业孵化器累计毕业企业1327家，其中高企153家，培育出以歌尔声学等为代表的一批行业领军企业。

（三）重点推进省级以上创新平台建设

近年来，全市按照市委、市政府决策部署，着力推进科技创新平台建设，初步形成了国家、省、市三级有机衔接的科技平台技术创新体系。2019年，新增省级工程实验室、工程研究中心14家，4家企业获批山东省院士工作站，37家单位申报省技术创新中心，7个项目入选全省首批重大课题攻关项目、占全省总量1/7[③]，入选数量和扶持金额均居全省前列。

依托龙头企业建设省级以上创新平台，2019年重点推动豪迈机械、新力超

---

① 刘志国,王玉梅,刘蓓蓓."众创空间"青年创新创业平台发展评价研究[J].青岛科技大学学报：社会科学版,2020,36(1)：30-35.
② 山东省人民政府办公厅转发省科技厅山东省科技服务业转型升级实施方案的通知[R].山东省人民政府公报,2016-08-18.
③ 尹莉莉.改革擂重鼓　潜能变动能[N].潍坊日报,2019-12-29.

导、寿光蔬菜产业集团等 10 家省级创新平台建设，推动 34 家企业申报省级重点实验室。

（四）进一步推进创新创业共同体建设

根据省厅构建"1+30+N"创新体系、打造"政产学研金服用"创新创业共同体的部署，以潍坊市产业技术研究院为核心和示范引领，聚焦高端装备、现代农业、高端化工、新能源、光电芯片、磁悬浮等特色优势产业领域，推进潍坊市创新创业共同体建设。2019 年 8 月 1 日完成产研院事业单位法人注册，9 月 10 日，市产业技术研究院成立大会召开，省科技厅唐波厅长、市委惠新安书记出席会议并为产研院揭牌，在省内地市中第三个成立了产业技术研究院；9 月 30 日，以市政府名义推荐"潍坊先进光电芯片研究院"申报省级创新创业共同体。

结合潍坊市产业优势，规划建设了潍坊先进光电芯片研究院、潍坊化工新材料产业技术研究院、潍柴动力股份有限公司新科技研究院、潍坊现代农业与生态环境研究院、山东大学地热开发研究院、潍坊农业与食品产业技术研究院、潍坊磁悬浮产业技术研究院、中国农业科学院寿光蔬菜研发中心 8 家创新创业共同体。2019—2020 年重点培育"潍坊市产业技术研究院""先进光电芯片研究院""磁悬浮产业技术研究院"等 4 家创新创业共同体，在项目、资金、人才方面给予重点倾斜；其中市产业技术研究院加挂山东产业技术研究院潍坊分院的牌子，获中央引导地方科技发展专项资金 200 万元。

三、突出人才核心支撑情况

潍坊市聚焦聚力招才引智，突出人才强企，突出高精尖缺，突出服务改善，人才核心支撑功能不断提升。

（一）加快升级人才引进与培育政策

加快升级人才引进与培育政策，主要体现在以下几个方面。

其一，紧扣重点产业集聚高精尖缺人才。紧紧围绕现代产业体系，实施鸢都产业领军人才工程，2016年选聘首批50名，其中对3名顶尖人才各资助500万元；截至2019年10月，共引进鸢都产业领军人才187人。盛瑞传动10年投入10亿元，"三国五地"聚人才，研发世界首款前置前驱8挡自动变速器，获2016年度国家科技进步一等奖。

其二，紧扣新旧动能转换升级人才政策。对标江浙等地，梳理形成支持人才创新创业就业、支撑新旧动能转换的"人才金政25条"，持续集聚政策优势。实施本科以上高校毕业生集聚工程，对引进的博士、硕士和本科生每月分别发放3000元、1500元、500元补助，市县财政每年增支1.1亿元以上。截至2019年10月，全市人才资源总量达到197.7万人，其中，硕士和副高以上高层次人才12.86万人（博士1228人），连续八次被评为"山东省人才工作先进单位"。

其三，紧扣创新创业需求向园区放权。对16个省级以上开发区和部分市级重点园区，给予2个以上科技创业类鸢都产业领军人才配额，专门用于来潍坊创业的省外海外人才，让园区拿着"真金"引人才。

（二）加快凝聚一批高层次创新人才

潍坊城投集团根据企业发展战略需要，联合诸城经开投公司控股美晨生态公司，在为美晨生态公司提供资金流动性支持和企业规范性改进的同时，也进一步优化了集团公司投资结构和产业布局，有力提升了集团公司资产和收入质量，为集团公司高质量持续发展注入了新动能。2019年8月，美晨生态引进加拿大滑铁卢大学终身教授、加拿大工程院院士阿米尔·卡杰普尔教授。阿米尔·卡杰普尔教授是汽车轻量化和减震领域的国际权威，在全球汽车零部件行业具有重要影响力。与阿米尔教授合作，引入欧美空气悬架前沿技术，美晨生态将极大增强车辆底座和驾驶室橡胶空气悬架系统、减震空气弹簧领域的技术优势，进一步提升主业核心竞争力。

（三）主体推进抓企业家建设

潍坊市实施基业长青工程，组织重点企业负责人、创二代等专题培训65期3600余人次，分4批组织132名优秀企业家到美加英德等发达国家进行专题培训，开展引才活动，持续强化企业家的人才强企"主体意识"。

潍柴集团谭旭光、歌尔股份姜滨常年在外引才，引进卡特彼勒液压专家杜洪流、索尼智能穿戴产品全球总负责人帕尔·博格等一批全球顶尖人才，2017年8月15日省委书记刘家义视察潍柴集团时说"先有人才，才有潍柴"。潍坊市全面推广潍柴集团海外并购的国际化用才经验，全市60多家企业在海外设立研发中心、生产基地，延揽海外专家人才1100余人[1]。

（四）加快创新产学研用体系引育高端人才

潍坊市主动对接国内外知名高校院所，支持新型研发机构出机制、出人才、出效益。依托中国食品谷，与美国加州大学戴维斯分校共建中美食品与农业创新中心，省委原副书记、省长龚正见证签约，引进美国科学院院士、世界植物转基因第一人罗杰·比奇团队。

在省委、省政府支持下，北京大学现代农业研究院落户潍坊，美国科学院院士、"千人计划"专家邓兴旺任院长。潍坊市引进中科院院士李树深领衔、30多名博士组成的团队，成立中国·潍坊激光雷达研究院，建设国内唯一激光雷达产业园。充分发挥市外专工作职能，引进高端外国人才417人次，获批上级引智专项资金345万元。推荐39个项目申报国家和省引才引智工程，推荐13名外国专家申报国家、省"友谊奖"。

---

[1] 秦英玮,陶源.全力打造人才集聚之地辈出之地圆梦之地[N].潍坊日报,2018-02-13.

（五）扎实做好高层次产业领军人才引进和培育工作

潍坊市共引进国家"千人计划"专家21人、国家"万人计划"专家23人，其中2019年新增国家"万人计划"专家7人、居全省第二位；共引进泰山产业领军人才80人，泰山学者47人，其中泰山学者蓝色产业计划专家3人、泰山学者海外特聘专家28人、泰山学者特聘专家10人、泰山学者药学特聘专家4人、泰山学者种业计划专家2人；合作院士134名，其中院士工作站（市科技局）88家，院士专家工作站（市科协）46家；从省外全职引进3名国家"千人计划"专家。

2019年，潍坊市新增首届齐鲁杰出人才奖、提名奖各1名，居全省第一位；5人入选省"外专双百计划"，数量居全省第四位；3人入选省重点扶持区域引进急需人才；华辰制药姜正军、寿光蔬菜集团丁俊洋等5人入围国家万人计划科技创业类人才，入选人才数量居全省第三；8人入围泰山产业领军人才工程，山东合力牧业等17家企业获批山东省院士工作站；潍坊先进光电芯片研究院工程技术研究中心的郑婉华入选泰山学者特聘专家（科研院所），实现历史性跨越。

潍坊市共有32名专家入选泰山产业领军人才（传统产业创新类），连续5年居全省首位。雷沃重工赵春江当选中国工程院农业学部院士，盛瑞传动王书翰入选"国家百千万人才工程"、被授予"国家有突出贡献的中青年专家"荣誉称号。潍柴动力陈文淼、歌尔股份林育菁、康华生物王振新3人通过了泰山产业领军人才工程战略性新兴产业创新类答辩，并进行了现场考察。歌尔股份宋青林、佳诚数码王冰心、日科化学李琳等9人，被省科技厅推荐科技部2019年创新人才推进计划和国家万人计划青年拔尖人才。省科技厅组织考察组，对潍坊市18个泰山产业领军人才工程科技创业类人选进行了现场考察，考察人选数量在全省位列第一。

四、推动高新区、自创区建设和技术创新情况

潍坊市深入实施创新驱动发展战略,全力建设一流国家高新区。

(一)着力打造科技创新示范园区

以山东半岛国家自主创新示范区建设为契机,充分发挥高新区核心引领及示范带动作用[①],瞄准世界科技前沿,在体制机制、资源共享、科技金融、人才培养等方面率先突破。

支持高新区开展关键核心技术研发、重大科技创新载体建设,完善科技服务体系,培育发展主导产业。积极争创寿光国家高新区,高标准编制完善高新区总体发展规划及产业发展规划,赋予"寿光模式"新内涵,着力打造集品种培育、技术研发、加工增值等于一体的现代农业高新技术产业体系,带动区域创新能力提升。在生物育种、食品加工、生态循环农业、智慧农业、大数据、云计算等领域大力实施农业科技项目,助推潍坊国家农业开放发展综合试验区建设。支持有条件的县市区规划建设科教创新园区,打造创新型人才培养基地和研发新高地。

(二)聚焦高端产业,提升发展质量

潍坊高新区谋划推进总投资1270亿元的183个重点项目,优化提升高端装备制造、新一代信息技术、新材料、医养健康、物联网等特色产业,全力建设潍坊"国际动力城"。已开工重点产业项目28个,总投资344.4亿元,全区营业收入过亿元的工业企业53家。

特钢集团、盛瑞传动、福田汽车等骨干企业拉动作用持续增强,汇胜集团、华丰动力、华滋自动化、山东银轮、华辰制药、沃华医药、凯信机械、俊富非

---

① 刘东生.增强创新活力 打造活力城市[N].潍坊日报,2017-12-05.

织造等一大批高成长性企业发展壮大。56家中小企业实现两位数以上增长，10家"隐形冠军"企业、34家储备企业优势突出。天瑞重工入选山东省隐形冠军企业，凿岩机获批工信部制造业单项冠军产品。潍坊市出台支持企业加快上市的实施意见，补助标准提高到1000万元。全区登陆资本市场的企业总数达124家、储备20家。

（三）突破"双招双引"，培育新生动能

潍坊市积极培植新的发展动能。编制完成国际智能农机装备产业专项方案，指导智能农机产业发展。制定支持潍坊新力超导磁电科技有限公司发展高端医疗影像装备的具体措施，扶持高端医疗装备产业发展。组织企业申报省人工智能领军企业、重点项目、优秀解决方案，促进人工智能产业发展。

进一步推进工业设计发展。把工业设计作为创新的重要手段，以工业设计促进产品创新。雷沃重工、潍柴动力被认定为国家级工业设计中心。连续举办四届"市长杯"工业设计大赛，开展市级工业设计中心认定工作[1]。加强与中德工业设计中心、山东省工业设计研究院的对接，推动筹建山东省农机装备工业设计中心、山东省装备工业设计研究院。

2019年以来，全市共签约"十强"产业项目30个，总投资264.9亿元；立项项目16个，立项额61.7亿元。聚量集团潍坊物联网产业园揭牌运营，依托聚量集团和日海智能科技资源优势，加快引进人工智能、区块链、大数据等优质项目，未来年营业收入将突破75亿元。国际大学创新联盟实现实体化运作，北斗·地理信息数据园—中科潍坊无人机项目、俊富健康护理小镇、华控高端装备制造、诺一迈尔、鑫精合等一批投资体量大、前景好的项目相继签约落地实施。

潍坊高新区强化自主创新，增强发展活力。大力突破科技金融，参与设立

---

[1] 践行新理念 培育新动能 引领新常态 努力实现"十三五"经济和信息化发展良好开局[J].山东经济战略研究,2016（1）：19-22.

50亿元的物联网产业基金，与华控基金合作设立7亿元的资本招商基金，引入70亿元的鲁创新旧动能转换基金、23亿元的山高新旧动能转换基金、8亿元的嘉兴华控基金，全区基金规模达到226亿元。

（四）强化自主创新，增强发展活力

潍坊高新区专利申请量、授权量、发明专利申请量、授权量、有效发明专利数量以及专利密度6项指标领跑全市。引导建设高端创新创业孵化平台，目前已建成省级以上科技企业孵化器11个，建成省级以上众创空间8个。大力培育高新技术企业，2019年获批高新技术企业50家，总数达到154家、创历史新高。加快培育发展瞪羚企业，2014—2017年，认定类瞪羚企业的平均营收复合增长率达到31.93%，平均研发投入强度达到6.4%、高居全省高新区首位。同时，联合长城战略咨询全面启动2019年度高新区瞪羚计划，在全省国家高新区率先组建瞪羚企业俱乐部，加快培育潍坊高新区新的经济增长点。

潍坊高新区综合实力在168家国家高新区中居第21位、地级市第2位。2019年1—6月，完成地区生产总值281.5亿元、增长9.6%；1—8月，规模以上工业总产值732.2亿元、增长17%，高新技术产业产值568.2亿元、增长18.4%、占比77.6%；实现固定资产投资增长14%，进出口总额202.7亿元、增长34.4%，线上社会消费品零售额127.2亿元；一般公共预算收入42.3亿元、增长3.9%、税收占比94.5%，经济社会保持健康稳定发展态势。

五、科技体制机制改革和重要科技创新政策落实情况

（一）深入推进科技体制机制改革

潍坊市坚持抓好创新型城市建设顶层设计，提高规划引领作用[1]。2019年，

---

[1] 潍坊市科技局局长2017年全市科技工作会议讲话稿[EB/OL].http://www.doc88.com.

市科技局起草了《科技创新行动方案》，紧跟创新型省份、创新型城市建设步伐，突出了机制创新，释放了创新活力。

此外，潍坊市认真落实研发费用加计扣除政策[①]。2017年度潍坊市税务系统共享受研发费加计扣除405户，加计扣除额24.37亿元，折合减免税款6.09亿元；2018年度享受研发费加计扣除818户，加计扣除额56.01亿元，折合减免税款14.00亿元。

（二）认真落实享受高新技术优惠政策

潍坊市认真做好高新技术企业减税降费有关政策的宣传辅导工作，通过新闻媒体、纳税人学堂、办税服务厅、门户网站、12366热线、微信微博等，多渠道、全方位开展政策宣传，确保广大纳税人对高新技术企业政策特别是新出台的延长结转弥补亏损年限政策应知尽知。全市税务系统2018年上半年享受高新技术企业优惠83户，减免税款3.77亿元；2019年上半年享受高新技术企业优惠154户，减免税款8.72亿元。

（三）认真落实潍坊市大型仪器共享及创新券政策

潍坊市认真贯彻落实《国家重大科研基础设施和大型科研仪器开放共享管理办法》《山东省科研基础设施和科研仪器开放共享管理办法》等文件精神，2018年研究出台了《潍坊市科研基础设施和科研仪器开放共享及创新券管理使用办法》，积极推进科研基础设施和科研仪器开放共享工作。

其一，注重宣传引导，扩大政策覆盖面。深入中小微企业和仪器设备供给方进行政策宣讲和解读，先后到潍坊出入境检验检疫局综合技术服务中心、山东天元盈康检测评价技术有限公司、潍坊市质检所等仪器设备供给方，进行政

---

① 李万甫，陈文东，刘和祥. 减税与降负并重：2018年税收政策与征管举措实施状况评述 [J]. 财政科学，2019（2）：5-19+56。

策宣讲和解读，宣传大型科学仪器设备共享的具体要求、实施流程以及中小微企业创新券的申请和兑现流程，扩大政策宣传的覆盖面。

其二，严格审核把关，理顺创新券管理流程。认真组织中小微企业加入山东省大型科学仪器设备协作共用网，严格审核标准，理顺创新券管理流程。对不同行业的企业分别进行界定和审核，提高审核效率，降低企业入网的时间成本，为企业做好服务工作。

其三，建立专职联络员制度，提高联络员的业务能力。建立仪器设备供给方专职联络员制度，从企业入网、仪器设备入网、创新券订单录入、兑现材料申报等方面，加强对仪器设备供给方专职联络员的培训，提高专职联络员的业务能力和工作效率。

截至2019年10月，潍坊市入网仪器设备1000余台（套），入网仪器设备购置原值达7.3亿元，入网中小微企业累计达到2000家，主要涉及食品制造业、农副食品加工业、纺织业、畜牧业、医药制造业、电气机械和器材制造业、化学原料和化学制品制造业等行业。2016年以来，全市累计争取省创新券补助达1500万元；其中，2019年共有55家中小微企业争取省创新券补助123.74万元，居全省第三位。

今后，潍坊市将进一步严格创新券订单的审核工作，按照检测类别、检测内容和指标等加以区分，对不同类别的检测用途分别进行审核，确保创新券补助资金发挥实效。进一步完善相关服务体系和配套措施，促进创新券政策在潍坊市落地，降低中小微企业生产和研发成本，为潍坊市中小微企业发展营造良好的软环境。

第五节　潍坊创新型城市发展评价

一、创新型城市评价指标与分类

（一）创新型城市创新能力评价指标体系

此项研究的学者们根据《国家创新型城市创新能力评估报告2019》《国家创新型城市创新能力监测报告2019》，城市创新能力评价指标体系以《建设创新型城市工作指引》（国科发创〔2016〕370号）中的指标体系为基础，对标新时代高质量发展的要求，同时充分借鉴国内外具有影响力的创新指标体系，修改完善形成了国家创新型城市创新能力评价指标体系。

国家创新型城市创新能力评价指标体系包括创新基础和创新特色2个一级指标，创新生态、创新投入、创新产出、科教资源富集程度、产业技术创新能力、创新创业活跃程度、开放协同创新水平、支撑绿色发展能力8个二级指标，32个具体指标（创新基础包括创新生态、创新投入、创新产出）。其中定量指标27个，定性指标5个，同时兼顾了规模指标和效率指标。

（二）创新型城市分类

根据《国家创新型城市创新能力评估报告2019》《国家创新型城市创新能力监测报告2019》的评价结果，依据创新要素基础条件的不同，以及城市在国家区域发展战略的定位不同，可以将创新型城市分为以下五类[1]。

---

[1] 中华人民共和国科学技术部.国家创新型城市创新能力监测报告2019[R].2019, 12.

第一类，科教资源富集型。这类城市中央级高校院所及创新平台较多，原始创新能力强，共8个，如南京市科教资源富集程度得分87.72。

第二类，产业技术创新型。这类城市高新技术企业相对较多，市场活跃度较高，产业基础较好，企业创新主体地位突出。这类城市共有22个，如深圳市产业技术创新能力得分89.31，潍坊市列在该类，产业技术创新能力得分57.21。

第三类，创新创业活跃型。这类城市科教资源和企业创新资源相对均衡，新经济、新业态、新模式不断涌现，创新创业十分活跃。这类城市共有13个，如杭州市创新创业活跃程度得分77.96，山东省青岛（71.02分）、济南（65.02分）、烟台（61.82分）列在该类。

第四类，开放协同创新型。这类城市开展对外科技合作、东西部科技合作较活跃，开放协同创新水平高。这类城市共有10个，如苏州市开放协同创新水平得分80.09。

第五类，支撑绿色发展型。这类城市为老工业城市和资源型城市，以科技创新破解可持续发展瓶颈初见成效。这类城市共有9个，如湖州市支撑绿色发展能力得分67.63，山东省东营（54.72分）列在此类。

二、潍坊创新型城市发展水平评价

根据《国家创新型城市创新能力评估报告2019》《国家创新型城市创新能力监测报告2019》，创新型城市的综合创新能力以创新能力指数来体现，创新能力指数排名前十的依次为[①]：深圳83.8分，杭州77.89分，广州77.65分，南京75.82分，武汉74.10分，苏州73.96分，西安73.90分，长沙71.17分，厦门70.01分，合肥69.71分。山东省青岛69.25分列第12名，济南63.78分列第17位，烟台62.49分列第20位，潍坊50.33分列第43位，东营44.95分列第

---

① 中国科学技术信息研究所.国家创新型城市创新能力评价报告2019[R].2019，12.

52位，济宁43.06分列第55位。

（一）潍坊市整体排名情况

2018年4月，经科技部、国家发展改革委批复，潍坊市作为全国第三批17个城市之一，开展创新型城市建设。

潍坊作为成长型创新型城市，创新能力指数为50.33，列创新型城市第43位[①]。如图2-3所示，创新基础得分55.13，居第42位；科教资源富集程度得分19.12，居第58位；产业技术创新能力得分57.21，居第26位；创新创业活跃程度得分52.08，居第34位；开放协同创新水平得分55.71，居第36位；支撑绿色发展能力得分57.28，居第55位（创新能力评估得分主要依据2017年统计数据计算）。

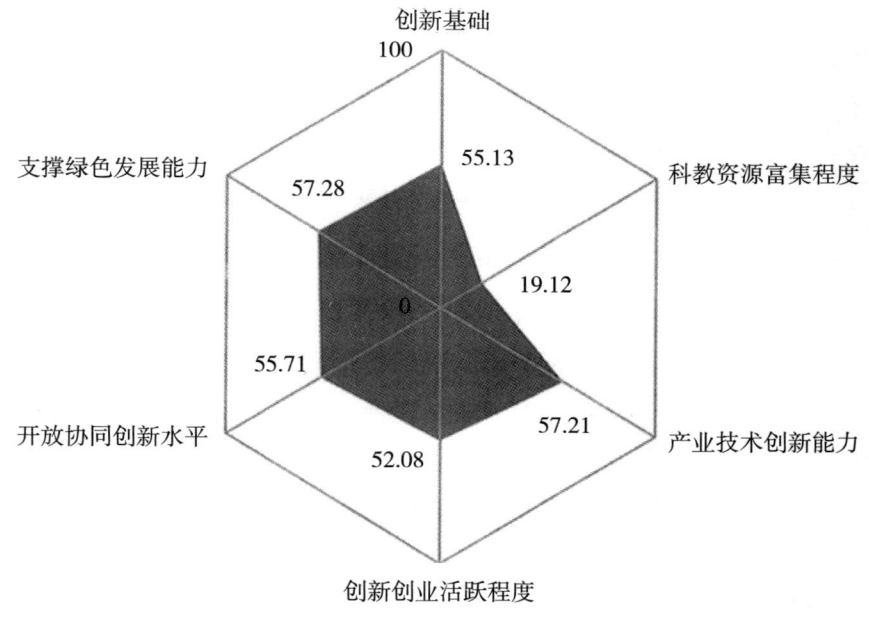

图2-3 潍坊市创新能力雷达图

---

① 中国科学技术信息研究所.国家创新型城市创新能力评价报告2019[R].2019，12.

据《国家创新型城市创新能力评估报告 2019》分析，潍坊市总体创新基础较强，产业技术创新水平相对较高，但科教资源富集程度较低，支撑绿色发展能力较弱，在科技成果产出、高新技术产业发展等方面存在明显的短板。

（二）潍坊市具体指标排名

从基础数据看，2017 年潍坊常住人口 936 万人，地区生产总值（GDP）5855 亿元，居创新型城市第 29 位；人均 GDP 6.25 万元，居第 55 位；全社会 R&D 经费支出占地区 GDP 比重从 2012 年的 2.21% 上升到 2017 年的 2.62%（见图 2-4），高于全国平均水平（2.13%），在创新型城市中居第 15 位；财政科技支出占公共财政支出比重从 2012 年的 2.96% 下降到 2017 年的 2.90%（见图 2-5），但仍高于全国平均水平（2.56%），居第 31 位；万人发明专利拥有量从 2012 年的 1.27 件上升到 2017 年的 5.48 件（见图 2-6），但仍低于全国平均水平（9.75 件），居第 55 位；高新技术企业从 2012 年 380 家增加到 2017 年 538 家，在创新型城市中居第 36 位。

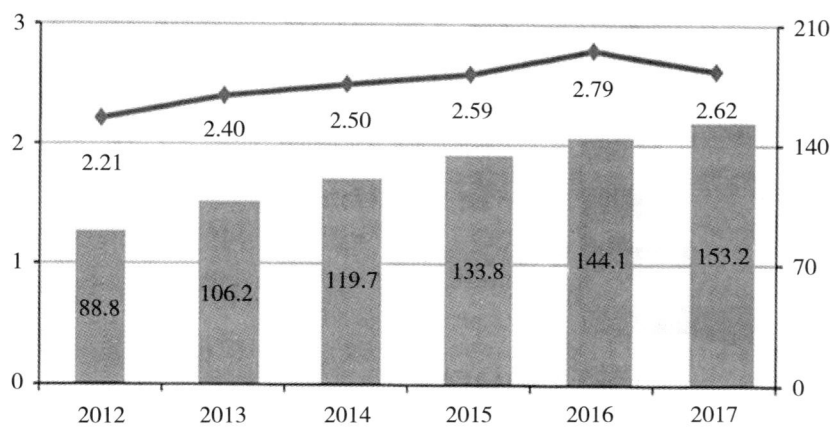

图 2-4 潍坊市全社会 R&D 经费支出及占地区 GDP 比重

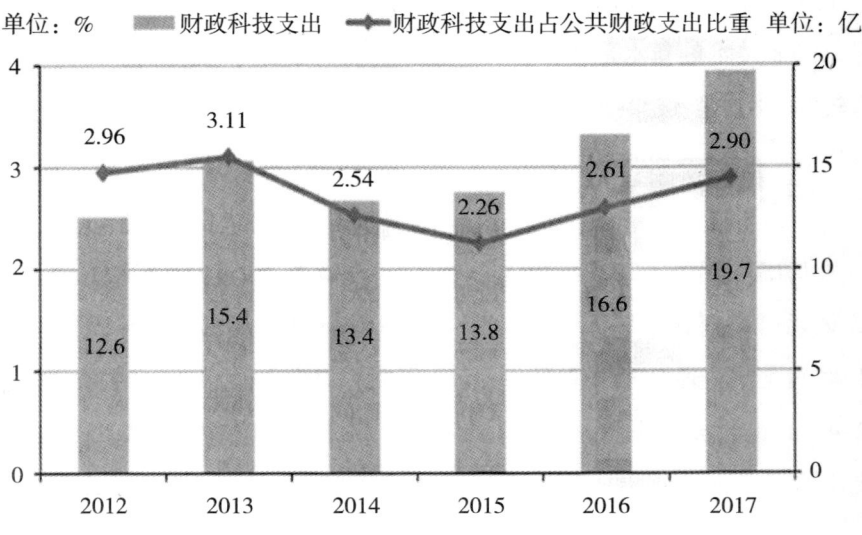

图 2-5　潍坊市财政科技支出及占公共财政支出比重

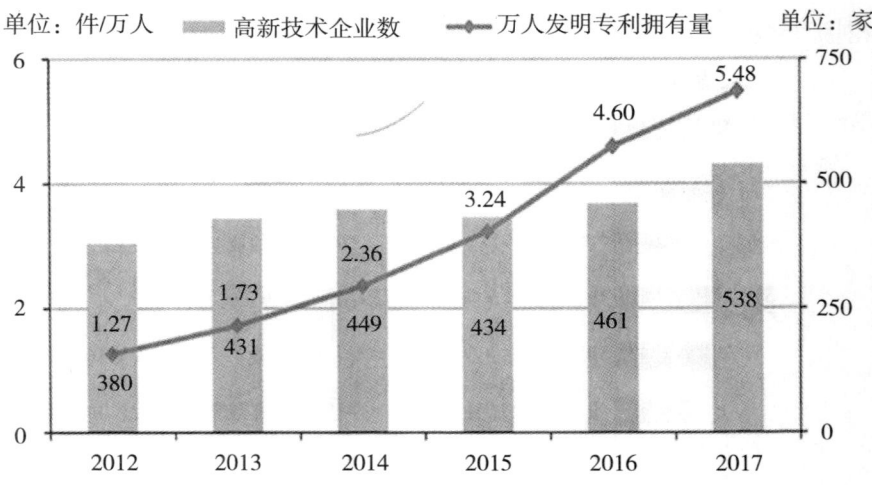

图 2-6　潍坊市高新技术企业数及万人发明专利拥有量

另外，在 72 个创新型城市中（4 个直辖市城区和 2 个县级市除外），潍坊市仍有许多指标排名靠后[①]（见图2-7）。如全员劳动生产率排名第71位，万名就业人员中R&D人员居第66位，基础研究经费占R&D经费比重第63位，单位地区GDP能耗第63位，空气质量优良率排名第62位（以上均为2017年数据）。

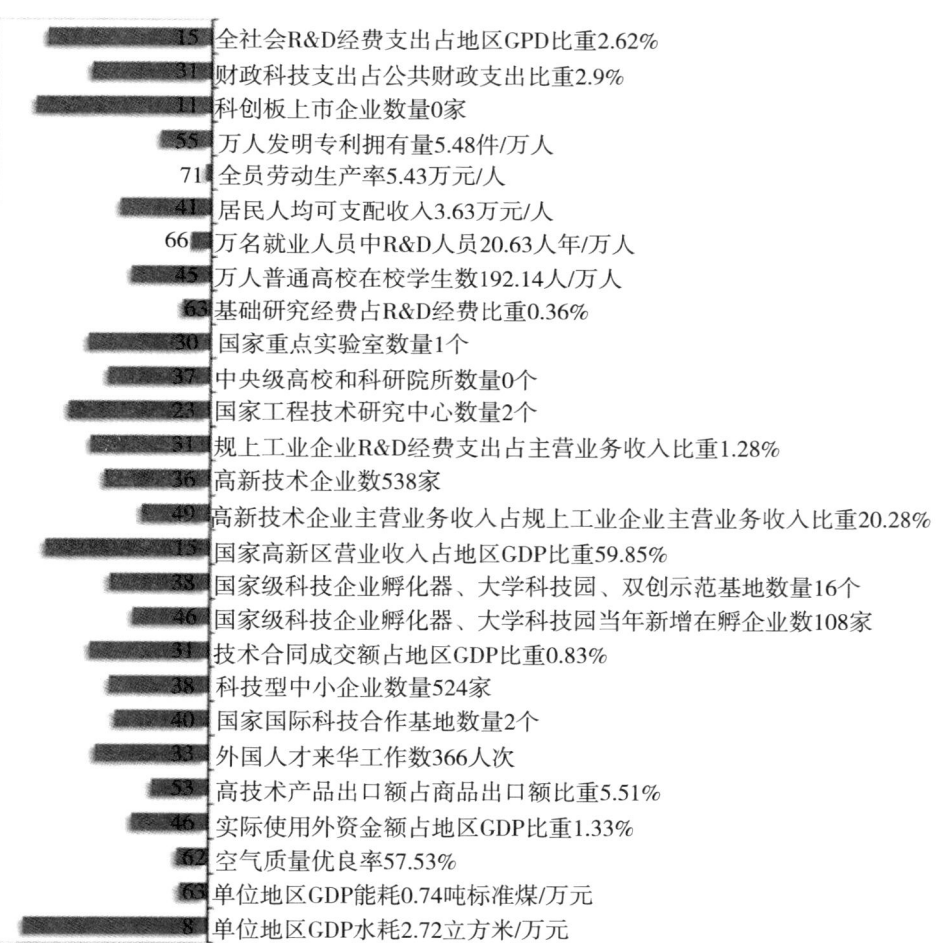

图2-7　2017年潍坊市创新能力部分指标数据及排名

---

① 中国科学技术信息研究所.国家创新型城市创新能力评价报告 2019[R].2019，12.

三、潍坊创新型城市建设指标完成情况

按照国科函创〔2018〕59号要求,潍坊市在编制《潍坊市建设国家创新型城市规划方案(2017—2020年)》时,在确定整体创新能力监测指标的基础上(见表2-2),确定了全社会研发经费投入强度,科技公共财政支出占比,万人发明专利拥有量,高新技术企业数量,高新技术产业产值占规模以上工业总产值比重[①],地区生产总值增速,服务业增加值占比,全员劳动生产率,引进千人计划、万人计划等国家级顶尖人才共9项关键指标作为潍坊市创新型城市建设的主要考核指标(见表2-3)。

从目前情况看,9项关键指标中高企数量、高新产值占比、引进人才数量3项指标已提前完成,万人专利拥有量、服务业增加值占比、全员劳动生产率、财政科技支出占比4项指标还有差距,R&D经费支出占比、地区生产总值增速2项指标由于统计数据调整,完成有一定的难度。

表2-2 潍坊整体创新能力监测指标完成情况

一级指标	二级指标	序号	三级指标	2017年监测值
创新基础	创新生态	1	党委政府落实"抓战略、抓规划、抓政策、抓服务"要求,加快推进科技领域"放管服"改革,形成多元参与、协同高效的创新治理新格局	—
		2	党委政府加强创新体系的顶层设计和系统布局,出台实施创新驱动发展战略的决定或意见及配套政策	—
		3	加强知识产权保护,营造公平有序的市场竞争环境	—

---

① 山东省人民政府关于印发山东省创新型省份建设实施方案的通知[R].山东省人民政府公报,2017-11-30.

续表

一级指标	二级指标	序号	三级指标	2017年监测值
创新基础	创新投入	4	全社会R&D经费支出占GDP比重（%）	2.56
		5	财政科技支出占公共财政支出比重（%）	2.9
		6	科创板上市企业数量（家）	0
	创新产出	7	万人发明专利拥有量（件/万人）	5.54
		8	全员劳动生产率（万元/人）	10.17
		9	居民人均可支配收入（万元/人）	3.63
创新特色	科教资源富集程度	10	万人就业人员中R&D人员（人年/万人）	20.63
		11	万人普通高等学校在校学生数（人/万人）	192.14
		12	基础研究经费占R&D经费比重（%）	0.36
		13	国家重点实验室数量（个）	1
		14	中央级普通高等学校和科研院所数量（个）	0
	产业技术创新能力	15	国家技术创新中心和工程技术研究中心数量（个）	2
		16	规模以上工业企业R&D经费支出占主营业务收入比重（%）	1.28
		17	高新技术企业数（家）	542
		18	高新技术企业主营业务收入占规模以上工业企业主营业务收入比重（%）	20.28
		19	国家高新技术产业开发区营业收入占地区GDP比重（%）	59.85

续表

一级指标	二级指标	序号	三级指标	2017年监测值
创新特色	创新创业活跃程度	20	国家级科技企业孵化器（含众创空间）、大学科技园、双创示范基地数量（个）	16
		21	国家级科技企业孵化器、大学科技园当年新增在孵企业数（家）	108
		22	技术合同成交额占地区GDP比重（%）	0.83
		23	科技型中小企业数（家）	524
	开放协同创新水平	24	国家国际科技合作基地数（个）	2
		25	外国人才来华工作数（人次）	366
		26	高技术产品出口额占商品出口额的比重（%）	5.51
		27	实际使用外资金额占地区GDP比重（%）	1.33
		28	开展东西部科技合作及区域协同创新情况	—
	支撑绿色发展能力	29	空气质量优良率（%）	57.53
		30	单位地区GDP能耗（%）	0.74
		31	单位地区GDP水耗（%）	2.72
		32	是否承担国家可持续发展议程创新示范区等改革示范任务	—

表2-3 潍坊创新型城市建设关键指标完成情况

指标	2017年值	2018年值	2019年值	2020年值
全社会R&D经费支出占GDP比重（%）	2.56	2.62	1.98	2.65
万人发明专利拥有量（件/万人）	5.54	6.74	8.07	10
高新技术企业（家）	542	704	780	850

续表

指标	2017年值	2018年值	2019年值	2020年值
高新技术产业产值占规模以上工业总产值比重（%）	34.35	44.85	49.74	36
服务业增加值占比（%）	46	47.15	48.32	50
地区生产总值增速（%）	7以上	6.5	3.7	7左右
全员劳动生产率（万元/人）	10.17	10.73	11.20	12
引进千人计划、万人计划等顶尖人才（人）	8	37	44	15
地方财政科技支出占财政支出的比重（%）	2.9	2.7	2.79	3.1

注：全社会R&D经费支出占GDP比重（%）为上一年数据值。

第三章

新旧动能转换下潍坊创新型城市发展

第一节　新旧动能转换下潍坊创新型城市发展现状

一、努力集聚创新要素，补齐科教资源匮乏短板

（一）广泛开展产学研合作交流

一方面，潍坊市积极开展与国内外知名高校和科研院所的合作与交流。2019年，通过紧密结合潍坊市产业发展及企业科技需求，创新开展"百院千企"创新合作系列活动，成功举办生物医药产业对接洽谈会。组织了"走进西安交通大学"等13次专项对接活动，累计组织300多家企业对接43所科研单位的261名专家，达成合作意向协议239项。

另一方面，组织对外科技合作交流。积极推动潍柴动力（东京）科技创新中心等6家海外创新孵化中心建设，组织科技项目团队赴以色列、中国香港等地进行对接洽谈合作，不断扩大潍坊市科技合作工作影响力。

（二）积极推进潍坊市创新创业共同体建设

潍坊市立足本市产业基础，以山东产业技术研究院为示范样板，布局建设一批具有潍坊特色的创新创业共同体。围绕高端装备制造、海洋化工、现代农业、光电芯片等领域，建设中科院潍柴研究院、山东智能农业装备产业技术研究院、潍坊化工新材料产业技术研究院、农科院寿光蔬菜研发中心、潍坊先进光电芯片研究院等新型研发机构。其中，潍坊化工新材料产业技术研究院，引进中科

院化学所共同建设，对进一步提升本市高端化工、新材料产业的科技创新能力和市场竞争力[1]，加快推动新旧动能转换和"双招双引"工作，打造本市化工产业转型升级创新示范区，发挥着重要而长远的支撑、引领作用。

潍坊市积极整合创新资源，统筹考虑自身产业优势以及经济社会发展需求，推动管理机制创新与技术创新深度融合，建设潍坊市产业技术研究院，完成向省科技厅备案，成为全省第三个组建成立的市级产业技术研究院，争取中央引导地方科技发展专项资金200万元。完善支持政策，制定出台了《关于潍坊市产业技术研究院建设与发展的意见》，安排资金1亿元支持市产业技术研究院建设、运行和业务开展，设立总规模不低于2亿元的市产业技术研究院创新发展基金，加强技术成果的转移转化和产业化。

（三）完善科技成果转移转化服务体系

一方面，完善科技成果转化体系，加强市级技术合同登记机构和高新、寿光等县（市、区）技术合同登记机构建设。2019年，完成技术合同网上登记3343项，成交总金额达82亿元。进一步发挥中科院山东综合技术转化中心潍坊桥梁纽带作用，2019年走访全市300家重点科技合作联系企业和中科院12家分院及重点院属科研单位，打造资源集成、对接精准、务实高效的产学研服务体系。目前，已与中科院的12家分院、78家研究所建立了密切的合作关系。

另一方面，大力发展科技服务业。潍坊市扶持推动中介服务机构发展，促进科技成果转化。2019年，组织专家评审筛选出全市11家技术转移示范机构和30项优秀技术合同，重点进行支持。制定出台了《潍坊市支持培育技术转移服务机构补助资金管理办法》，鼓励技术转移服务机构加入市科技成果转化服务平台，并对符合条件的服务机构给予经费补助。

---

[1] 沈和.管理机制历史性变革引爆技术创新集群式突破：江苏省产业技术研究院的积极探索与启示[J].中国发展观察,2018（14）：48-49+52.

二、强化创新载体建设，不断提高自主创新能力

（一）发挥国家自主创新示范区和高新技术产业开发区作用

潍坊市将自创区和高新区作为建设创新型城市的核心载体和重要平台[①]。在省科技厅的大力支持下，潍坊高新区深入实施创新驱动发展战略，抢抓建设山东半岛国家自主创新示范区重大机遇，以新旧动能转换为统领，突出做好企业发展、产业提升、科技创新、环境营造等重点工作，努力打造贯彻新发展理念先行区、高质量发展引领区、新旧动能转换示范区，全力建设一流国家高新区，综合实力在国家高新区中居第 21 位、地级市第 2 位。

（二）推动开发区体制机制改革

潍坊市把推动开发区体制机制改革作为激活开发区经济发展、推动创新型城市建设的重要手段。2019 年，潍坊市落实省委开发区体制机制改革部署，已全面完成高新、滨海、保税、青州 4 个试点开发区试点工作任务，其余 12 个省级开发区已制定改革实施方案，正有序推开。通过体制机制改革，开发区管理体制集约高效，成功实现瘦身强体；进行深层次的干部人事管理制度改革，灵活高效、激励竞争的制度充分激发了干部职工的干劲；运营机制灵活实用，市场活力大大增强，试点开发区剥离开发运营职能，适宜以市场化方式承担的一律交由公司承担。

（三）打造科技创新平台

潍坊市积极搭建科技创新公共服务平台。全市已建成山东半岛蓝色经济工

[①] 刘勇. 大力实施创新驱动发展战略　全面提升江西科技创新能力 [N]. 江西日报，2020-01-17.

程研究院、生物医药研发中心等一批行业公共研发平台，引进建设了中科院山东综合技术转化中心潍坊中心等5家技术转移机构，为企业科技创新提供全面技术支持。建成了市技术交易中心、科技合作信息网、大型仪器共享服务平台等科技公共服务平台，专家库、成果库、人才库等开放式科技资源已投入运行。积极推行创新券制度，全市小微企业创新券补助金额达到782万元。成立潍坊市工业研究院，建设支撑行业创新发展的产业创新平台。

大力培育农业科技园区[①]。寿光国家农业科技园区参加科技部综合评估，被评为优秀。山东潍坊国家农业科技园区顺利通过验收，给予正式授牌。5个省级农业科技园区全部验收合格，青州园区被评为优秀。农业良种工程、山东省重点研发计划（公益类）等30个项目获立项支持。

（四）推动众创空间和孵化器建设

潍坊市努力加快科技孵化器建设步伐。全市省级以上科技企业孵化器数量达到36家，居全省第一位；省级以上众创空间数量达到40家，居全省第四位。在美国硅谷设立了海外科技孵化器，积极承接海外孵化高端项目，嫁接提升本地主导产业。

加快推进创新型孵化载体建设。加快建设一批以成果转移转化为主要内容，专业服务水平高、创新资源配置优、产业辐射带动作用强的众创空间、孵化器，支撑实体经济发展。制定了《潍坊市众创空间认定管理办法》，采取众创、众扶、众筹等模式，加快市科技孵化中心、潍坊蓝色智谷等创新型孵化载体建设。修订出台了《潍坊市科技企业孵化器管理办法》和《潍坊市众创空间管理办法》，进一步提升了科技孵化载体的孵化、众创能力。

2019年，全市已认定市级众创空间6家，国家专业化众创空间1家（潍柴卡车动力总成众创空间），通过国家备案众创空间6家、省级14家，创客团队

---

① 刘杰.聚势起舞　春潮涌动[N].潍坊日报,2018-12-18.

475 个,均居全省前列。

三、大力培育创新企业,发挥企业创新积极性

(一)不断完善企业培育体系

潍坊市深入实施高新技术企业"育苗造林"行动和"小升高"计划,完善高新技术企业培育机制。围绕高新技术企业认定关键核心指标,通过调研摸底,遴选了一批符合高新技术产业发展方向、创新基础好、有发展潜力,主要从事高新技术产品开发、服务的中小微企业,针对高新技术企业认定核心要点[①],联合税务部门,2019 年先后举办 13 场高新技术企业申报及相关政策宣讲培训会,培训了超过 400 家企业的 1200 多名企业管理、财务等人员。

进一步强化高新技术企业后备队伍建设。广泛推动符合条件的企业参加科技部科技型中小企业评价,组织 610 家科技型企业进行中小企业入库登记,数量居全省第四位。按照"培养一批、认定一批、储备一批"的发展原则,推荐 434 家符合条件的企业申报高新技术企业,有 261 家获批,目前总量已达到 808 家。2019 年上半年,全市高新技术产业产值占规模以上工业总产值的比重达到 49.74%,高于全省平均水平 9.60 个百分点,居全省第三位。

(二)加大骨干企业培育力度[②]

潍坊市不断完善企业技术创新体系。培育壮大创新企业群体,不断提升创新发展的层次和水平。2019 年,新增国家级制造业单项冠军 2 家、省级制造业单项冠军企业 23 家;积极培育扶持瞪羚企业,对已认定的 29 家省瞪羚企业实

---

① 张密沙.基于 QCA 方法的汽车行业供应链协同创新与组织绩效关系研究[D].郑州:河南工业大学,2019.
② 安再祥,杨聪聪,范为民.安徽淮北探索工业转型升级发展新路[N].中国工业报,2020-01-07.

施动态管理；新认定国家级专精特新"小巨人"企业 4 家、省级"准独角兽企业"1 家、省级"一企一技术"研发中心 8 家、省级"专精特新"中小企业 51 家，初步形成"专精特新"→"一企一技术"研发中心→"隐形冠军"→小巨人→"瞪羚"企业→准独角兽的梯次培育格局。

四、强化人才激励机制，促进人才创新创业

（一）坚持政策先导

近年来，先后出台了《关于加快建设人才强市的若干意见》等 20 多项实施细则，形成了"3+N"人才政策体系。2018 年以来，围绕创新型城市建设，聚焦支撑新旧动能转换和乡村振兴，又先后出台了《关于支持人才创新创业的若干政策》《潍坊市"一事一议"引进人才办法（试行）》《关于支持潍柴集团建设国际一流人才高地的九条措施》《潍坊市高层次人才分类目录》等文件及配套措施 8 个，打造了人才政策升级版。

（二）实施重大人才工程

实施高精尖缺人才引育计划[1]，对顶尖人才一事一议、随引随议，最高给予 500 万元生活补贴和 5000 万元项目资助。2019 年全市新入选国家"万人计划"专家 7 人；2 人入选首届齐鲁杰出人才奖和提名奖，居全省首位；28 人入围泰山系列人才工程现场考察，居全省前列。加强鸢都产业领军人才培育，从 2018 年起建立人才配额制度，分配配额两批 149 个，专项用于重点引进海外人才，进一步向用人主体放权。

---

[1] 蒋宁,张维,倪玉婷,等.动态环境下战略新兴产业政策体系建设研究[J].北京理工大学学报：社会科学版,2011,13（3）:36-40.

（三）积极引进外国智力

紧紧围绕全市经济社会发展重点行业、重点领域，深挖外国人才资源，根据企业需求制定引进外国高端人才规划。获批国家外国专家项目8个，经费340万元，居全省首位；获批省高端外国专家项目6个，经费356万元。遴选潍柴动力、寿光蔬菜产业集团等企业申报"千人计划"外专项目10个。先后实施引智项目317个，在机械装备、汽车制造等领域解决关键性技术和管理难题近500个。深入推进"一县（市、区）一基地、一基地一特色"的引智成果推广全覆盖工程①，省级以上引才引智示范基地达到26处，实现县域全覆盖。盛瑞传动德国专家皮特约翰尼斯·谭伯格荣获中国政府"友谊奖"，潍城区爱乐奇教育培训学校英国专家温雅惠荣获省政府"齐鲁友谊奖"。

五、健全创新保障机制，营造良好创新生态

（一）加大地方财政科技投入

2019年，全市共争取省级以上科技项目108项，争取上级扶持资金总数5.9亿元。其中，争取省重大科技创新工程项目57项，资金4.9亿元，项目数与资金数均居全省第二位。进一步规范完善科技计划管理，根据市委、市政府工作重点、全市科技工作任务目标、年初预算，发布了"2019年潍坊市科学技术发展计划项目指南"，共征集项目800多项。经专家评审，有324个项目获得立项支持，下达科技经费4465万元。

（二）创新科技金融服务模式

潍坊市对接省科技成果转化贷款风险补偿金，设立1000万元市级科技成

---

① 付生.我市制定出台柔性引进人才实施办法[N].潍坊日报,2020-05-16.

果转化贷款风险补偿金，支持合作银行为科技型中小企业提供贷款，并与省科技厅、银行按比例共同承担科技成果转化贷款出现风险时的本金损失。目前与交通银行、工商银行等12家银行签订合作协议，2019年以来已备案贷款51笔，为企业提供贷款2.1亿元。

增资国信科技创新基金，设立"潍坊市级科技风险投资资金"，每年注入科技专项资金1000万元，目前注册资金增加到2亿多元，带动了各类金融、资本投入，为企业快速发展提供了资金保障。强化知识产权运用促进，加快推进知识产权质押融资工作[①]，强化金融机构与企业协作，2019年，全市办理质押登记52件，质押金额8.3亿元。

（三）举办参加各类创新创业大赛

潍坊市精心组织创新创业大赛。积极组织参加省中小微企业创新竞技行动，成功承办省中小微企业创新竞技行动计划先进制造和现代农业现场竞技活动。全市共组织360家科技型中小微企业和团队报名参赛，104家企业和团队成功晋级省决赛，71家企业和团队进入各领域前50%，5家企业晋级国赛，数量均居全省前列。

举办了首届潍坊国际人才创新创业大赛，吸引12个国家和地区的347名高层次人才报名参赛，112人进入决赛，35人脱颖而出。获奖人选项目落地后，将给予100万~300万元经费资助。组织参加省第二届高层次人才创业大赛，推荐参赛人选153名，其中创业企业类66名、创业项目类87名，居全省第二位。

（四）营造知识产权良好环境

潍坊市进一步完善市县两级执法体系，加大知识产权保护力度。扎实开展"双打""蓝天"等专项行动，2019年，查处违法案件122件，对备案专利代

---

① 山东省人民政府关于印发山东省创新型省份建设实施方案的通知[R].山东省人民政府公报,2017-11-30.

理机构和代理人实施了全覆盖监督检查。

深入推进专利侵权纠纷调处，调处专利纠纷案件147件，其中电商领域案件120件。全市国内专利申请25 651件，国内专利授权15 677件，列青岛、济南之后，均居全省第三位。发明专利申请5967件，发明专利授权1635件，列青岛、济南之后，居全省第三位。全市国内有效发明专利拥有量达7559件，列青岛、济南之后，居全省第三位。

2019年前三季度，全市新增注册商标22 376件，有效注册商标达到105 374件，同比分别增长55.78%、34%；新增中国驰名商标1件、地理标志商标5件，总量分别达到101件、99件，均居全省第二位。"寿光蔬菜"注册成为全市首件地理标志集体商标，全市地理标志商标、地理标志保护产品、农产品地理标志总量达到150件，居全省第二位、全国地级市第三位。

（五）积极改善营商环境

潍坊市全面实施环境攻坚行动。制定出台《关于聚焦企业关切进一步优化营商环境的实施意见》，积极开展流程再造，深入推进"一次办好"改革，平均向镇街下放权力事项149项，市级审批事项压减到246项。在全省率先推进市场准入负面清单制度改革，实现审批事项全部网上办理。开展营商环境突出问题专项整治，对查摆出的10个突出问题，制定具体的工作方案，定期调度推进。

（六）进一步扩大创新券政策覆盖范围

认真落实《山东省创新券使用管理办法》，做好会员注册、仪器入网、创新券订单录入的审核工作。2019年，潍坊市新入网中小微企业100余家，全市入网中小微企业累计达到1900家，入网仪器设备累计达1050台（套），入网仪器设备购置原值达7.5亿元。继续做好2018年省创新券补助的兑现拨付工作，2018年潍坊市争取省创新券补助经费184.2万元，居全省第三位。

第二节　潍坊创新型城市高质量发展典型经验

一、自主创新能力提升与品牌打造

潍坊市以习近平总书记系列重要讲话精神为指导，坚持创新、协调、绿色、开放、共享发展理念，深入实施创新驱动发展战略，加快建设创新型城市[①]，为打造现代化高品质城市提供强有力的科技支撑。

（一）骨干企业创新带动自主创新能力提升

潍坊市充分发挥潍柴集团、歌尔股份、盛瑞传动等骨干企业带动作用，深化与138个高校院所的合作关系，持续开展技术创新。

盛瑞传动"8AT研发及产业化"、潍柴动力"重型商用车动力总成关键技术及应用项目"先后荣获国家科技进步一等奖；潍柴氢燃料电池获批国家氢燃料电池专项试点，奥精"骼金"医疗材料、天瑞磁悬浮离心鼓风机、豪迈化工微反应器等新型产品填补国内空白。

潍柴集团营业收入1704亿元、增长10.4%，其中高新区板块实现营业收入342.4亿元、增长19.6%，正加快建设总投资130亿元的潍柴新能源动力产业园、2000亿元的潍柴国际配套产业园，助推中国动力迈向世界一流。2020年，潍柴传统业务板块将超越世界一流水平；2030年，新能源业务板块引领全球，进入万亿元企业俱乐部，成为竞争力持续提升的世界500强公司。

---

① 张传亮.我市发布现代化高品质城市建设"深化创新开放，推进城市产业更新"课题行动方案[N].潍坊日报,2020-01-04.

歌尔集团专利技术突破1.5万项、入选山东民营企业创新10强，天瑞重工等3项成果荣获省科技进步奖。歌尔集团实现营业收入158.6亿元、增长77.9%，正在瞄准人工智能、虚拟现实、5G等前沿技术，强化自主创新，深化与华为等一流企业合作，加快建设总投资116亿元的歌尔智能硬件产业园和68亿元的歌尔光电园二期、智能无线耳机、精密电声器件等项目组团，全力打造全球新一代信息技术领域的500强企业。

（二）加强国际科技合作与交流，打造潍坊品牌

潍坊市进一步加强国际科技合作与交流，打造国际科技合作潍坊品牌。在充分发挥潍坊硅谷高科技孵化器、中以科技转移平台等高端国际科技合作平台作用的基础上，与欧美、日韩等国家深入开展国际科技合作与交流，大力建设国际科技合作基地，强化引进外国高端专家和先进成熟技术，支持兴瑞生物、天瑞重工等企业在海外建立研发中心，全方位提升本市科技国际化水平。

潍坊市重点推动与以色列、美国等国家的科技合作交流，组织科技项目洽谈团赴以色列进行对接洽谈合作，并安排市委主要领导出访以色列的公务考察活动，高密科技局、经济区招商局主要领导以及本市生物医药、现代农业等领域企业负责人参加。组团拜访以色列P-Cure公司、中国国际人才交流协会驻以色列代表处、威兹曼科技园凯迪迈斯生物公司等，重点洽谈了超小型质子重离子装备产业集群落户潍坊、干细胞诱导细胞技术治疗渐冻症和糖尿病、LR集团生态屋联合工作站等项目并签署了合作协议。中以科技转移平台推动以色列QSE公司在北京就清洁能源发动机项目进行路演，在硅谷孵化器推动下，中美中心联合加州大学戴维斯分校举办了农业国际合作论坛；组织企业参加了"中以跨境投资大会——第22届走向以色列论坛""2019中国-欧盟医药生物膜科学与技术研讨会"等活动。

二、科研成果转化与质量提升

（一）产学研合作推动科研成果转化

潍坊市持续推进产学研合作，深度开展多层次、多形式的科技精准对接活动。围绕绿色化工、新能源、节能环保、生物医药、农业及食品加工、农业装备制造等领域，充实完善企业高质量发展技术、人才需求和高校院所专家信息及科技成果信息库，主动对接知名高校院所，有效解决企业技术难题与合作需求，全面搭建高校院所与企业合作的信息需求桥梁；组织开展科技人员、院校专家到企业"把脉会诊"，有针对性地提供政策辅导、技术诊断和规划指导等服务；探索实行"互联网+"的合作对接模式，完善线上线下相结合的服务体系。

2019年以来，根据智能制造、生物医药、新能源与节能环保等领域企业需求，潍坊市先后组织承办潍坊市–中科院上海分院科技成果对接洽谈会、"走进西安交通大学"产学研对接洽谈会等4次专项对接活动，共邀请43家科研院所参会洽谈，达成"基于RNA干扰技术的新型生物杀虫剂应用"等17个合作意向。参加山东省创新驱动发展院士恳谈会，潍坊市东方钢管与侯保荣院士共建"中国海洋新材料产业基地"等7个项目在平行论坛上举行签约，并组织了相关企业参会，搞好项目成果对接洽谈。恳谈会期间，就焦念志院士团队开展的海洋储碳项目进行了初步对接。带领海科院、威能环保电源科技等新材料、节能环保领域的9家科研院所、企业的13位负责人、技术总监参加第三届海外院士青岛行活动，参会单位根据自身需求参加了主旨演讲和平行论坛，多领域对接国际高端科技创新资源，促进优秀技术成果来潍坊转化落地。

潍坊市引进北京大学资源，与省政府合作在潍坊共建北京大学现代农业研究院。该研究院将依托山东省、北京大学双方优势力量，并利用北京大学有关学科优势及尖端科研力量，结合山东省农业发展实际情况，本着基础研究与应用开发研究相结合的模式,建成应用生物与现代农业技术研发及科研成果转化基地。北京大学将为该研究院提供一流学科的人才支持,积极组建有院士参加的科研团队,聘任国际知名科学家作为学术带头人,致力于解决目前中国农业现代化发展中的重大关键问题。该研究院将按照国家工程技术研究中心和国家重点实验室的建设标准,建成不少于20个世界前沿实验室、拥有300~500名科研及管理人员组成的国际一流团队。目前,由中科院院士、北京大学原校长许智宏教授担任院长,美国科学院院士邓兴旺教授担任首席科学家,引进国家"千人计划"专家张兴平博士等4名高层次人才,组建了小麦育种平台等3个科研平台,全力开展科学研究工作,该研究院活动进入正常运行阶段。

(二)科技成果技术转移平台提升科技成果转化质量

潍坊市进一步搭建科技成果技术转移平台,提升科技成果转移转化质量。建设"政府、企业、科技中介、技术经纪人"四位一体的潍坊市技术交易服务中心,搭建企业与技术信息对接平台[①]。引进建设中科院山东综合技术转化中心潍坊中心等5家技术转移机构,为企业科技创新提供全面技术支持。建成市技术交易中心、科技合作信息网、大型仪器共享服务平台等科技公共服务平台,专家库、成果库、人才库等开放式科技资源已投入运行。积极推动中介服务机构发展,对11家技术转移示范机构和30项优秀技术合同进行了支持。邀请解放军第960医院张希全教授来潍坊举办"科技成果申报及答辩课件"学术讲座,组织了3次"科技服务进千企"活动,重点围绕促进技术市场发展、加速科技成果转移转化等政策加强宣传培训;加快技术市场建设和技术成果交易。

2019年,全市登记技术合同1506项,成交金额44亿元;已推荐联兴新材料"基于一次换热的高温固体散料余热回收关键技术及产业化"项目申报国家科技进步奖。潍坊市与以色列搭建的中以(潍坊)科技成果转移转化高端平台,

---

① 刘伟.全力打造人才聚集"强磁场"[N].潍坊日报,2016-10-24.

已整合 400 多家高科技企业和协会组织的成熟高新技术成果 600 多项。潍坊市共获得省科学技术奖 7 项，数量居全省第 4 位，其中潍柴动力完成的"柴油机高效后处理系统关键技术开发及产业化"获省科技进步一等奖；评选出市科技进步奖 150 项、市重大创新奖 3 项、国际合作奖 5 人。

三、人才发展新动能集聚助推高质量发展

2016 年以来，潍坊市以习近平总书记关于人才工作的新理念、新思想、新战略为指导，以深化人才发展体制机制改革为主线，集聚人才发展新动能，助推创新型城市高质量发展。2019 年，潍坊市 3 家企业入选省引才重点支持企业，1 人进入省"一事一议"顶尖人才考察范围；30 人进入泰山系列人才考察范围，创历史新高。

（一）注重优化人才发展体制机制，进一步凝聚工作合力

潍坊市坚持产业链、创新链、人才链"三链"互动，坚定不移走产才融合、人才强企之路。

其一，强化"一把手"抓。调整市人才工作领导小组组成人员，在首届潍坊国际人才周启动仪式上，市委书记惠新安带领县市区委书记发布"人才潍坊倡议"，并把院士论坛作为市委理论学习中心组学习的第一议题，着力强化"一把手抓第一资源"责任担当。

其二，强化工作统筹。组织召开市人才工作领导小组会议和县市区、成员单位重点工作推进会议，印发《市人才工作领导小组 2019 年工作要点》《成员单位 2019 年度人才发展指导目标》《市人才工作领导小组工作规则和办公室工作细则》《成员单位工作职责》等文件，着力明确职责、压实责任、凝聚合力。

其三，强化督导落实。按照市委招才引智实行县市区、市直部门双责任制要求，将引进高端技术人才（团队）指标下达到县市区和市直部门，纳入全市"双

招双引"考核。对泰山产业领军人才申报、省创业大赛优胜人选落地等进行了通报，着力推动各地各单位比着上、赛着干、争一流。

（二）推进人才体制改革向提升招才引智活跃度聚焦

潍坊市实行本土化国际化统筹，全职招柔性引并重，"三招三引"一体推进。及时顺应留学人员加速回流大势，吸引海外人才。所有出国团组都嵌入招才引智任务，县市区党政主要负责人、组织部长每年带队出国引才至少1次。2019年，原市委书记刘曙光带队到芬兰、白俄罗斯和俄罗斯三国招商引才，市县两级党政主要负责人、组织部长出国引才33批次，对接海外人才526人次，达成合作意向217项，是2018年的2倍多。持续深化人才发展体制机制改革，持续内化人才工作合力，持续强化人才发展动能，营造拴心留人最优生态。

（三）推进人才体制改革向服务人才为了人民聚焦

潍坊市在创新型城市高质量发展进程中，秉持"人才工作就是做人的工作"，既抓高精尖缺人才，又助力人人成才。

其一，强化人才服务力量。市委组织部设立副县级人才办、正县级人才发展服务中心，筹备成立人才发展促进会，形成行政、事业、社团"三位一体"格局。12个县市区都相应设立人才工作机构，结合新一轮"三定"方案调整，12个市直部门增设人才科，5个部门增加人才专项编制6名。

其二，优化人才服务体系。建设高层次人才服务大厅、"人才潍坊"网站和微信公众号"一厅一网一终端"，形成"互联网+"人才信息化体系。

其三，升华人才服务内涵。党委联系专家常态化，市县镇领导干部联系重点人才2900多名；118个镇街科技人才副职全覆盖，引进人才、技术项目163个，组织"三下乡"96次；一月一次"不忘初心"市情教育，一季一次"人才潍坊"论坛，强化对广大人才的政治团结凝聚，把红色基因贯穿人才工作全过程，践行人才工作服务人民。

（四）注重创新载体形式，更大力度招才引智

潍坊市始终把招才引智摆在首要位置，2018年以来全市共组织引才活动260余批次，引进高端技术人才（团队）399名；新入选国家"万人计划"专家7人；2人入选首届齐鲁杰出人才奖和提名奖，居全省首位。

其一，坚持节会引才。按照市委提升重大节会质效要求，风筝会期间，组织首届潍坊国际人才周启动仪式、中国（潍坊）先进光电技术发展院士论坛、中国地热能开发利用学术交流会等活动6场，中国科学院院士、中国科学院大学校长李树深等14名国内外院士参加，实现了顶尖人才来潍坊合作的新突破。2018年9月1日举办鲁台人才发展大会，邀请包括中国台湾在内的49名专家来潍坊洽谈交流；9月21日举办中日韩人才交流发展大会，邀请以日韩为主的65名海外专家人才与会。

其二，坚持大赛选才。举办首届潍坊国际人才创新创业大赛，共有12个国家和地区的347名高层次人才报名参赛，112人进入决赛，35人脱颖而出。做好省第二届高层次人才创业大赛报名组织工作，经宣传发动、督促调度，共推荐参赛人选153名，其中创业企业类66名、创业项目类87名，居全省第二位。

其三，坚持重点工程引才。全力以赴抓好泰山系列领军人才申报工作，对申报人选安排专人进行包靠服务，认真组织开展陈述答辩模拟演练，全程做好陈述答辩和现场考察协调服务，28人入围泰山系列人才工程现场考察，居全省前列。牵头申报国家"千人计划"专家19人，其中创新人才长期项目7人、外专项目10人、青年项目2人，指导相关县市区和用人单位进行陈述答辩模拟演练。推荐省"一事一议"顶尖人才1人；会同市发改委推荐泰山产业蓝色人才专项4人，3人进入答辩评审。下发2019年度鸢都产业领军人才专项配额方案，面向全市新旧动能转换重大项目、省级以上开发区、创新型领军企业分配配额80个，激励用人主体引进海外人才。

其四，坚持社会化引才。下发通知，对社会中介组织和个人推荐人才入围潍坊国际人才创新创业大赛决赛的，给予一定奖励，推荐人选获奖的再给予附加奖励。社会力量共推荐33人参加首届大赛，兑现荐才奖励4.2万元。

四、政策与环境扶持助推创新服务能力提升

（一）政策服务体系支撑创新服务能力提升

潍坊市以创新型城市建设为引领，聚焦聚力新旧动能转换重大工程，构建"1+5+N"政策扶持体系[①]。对落实省支持实体经济45条、扩内需补短板42条、支持民营经济35条等政策落实情况进行检查；梳理市级支持企业发展政策，提炼出招商引资、产业发展、人才引进和培育、科技创新等7大类、28项、75条政策要点。上述政策体系的实施为潍坊市创新服务能力的提升，提供了有力的政策支持。

（二）营商环境优化支撑创新服务能力提升

潍坊市持续优化营商环境，提供创新服务支撑。建立健全潍坊市公共信用信息平台，归集53个部门共1.3亿余条信用信息，对法院执行、环境保护、金融等7个领域的严重失信行为实施联合惩戒，实现了信用信息的互联、共享和应用。深入实施环境优化攻坚行动，参照世界银行和国家发展改革委营商评价指标体系，聘请第三方机构开展营商环境评估，形成了市县两级营商环境试评价报告，推动问题整改优化到位。

深入推进"一次办好"改革，发挥企业及重大项目管理服务平台作用，提升服务企业效率。对中央、省、市出台的各项政策措施，进一步梳理，建立工

[①] 李文，陈强．奋力迈步产业发展新征程[N]．潍坊日报，2019-09-19．

作台账，确保政策及时兑现。利用网站、公众号等媒体渠道，对国家、省、市支持企业发展和加快动能转换各类政策进行广泛宣传，方便企业了解把握、及时享受政策红利。

第三节　新旧动能转换下潍坊创新型城市发展存在的问题

一、科技创新平台短缺，高端创新要素集聚能力不足

在新一轮科技创新浪潮中，潍坊作为以农业大市为起点发展起来的产业结构体系，现在尚处在资本取代劳动的发展阶段。技术和知识密集型产业刚刚起步[1]，支撑十大产业的高端创新人才、科技金融以及科研院所、创新平台和各类孵化器等高端产业要素方面，潍坊存在严重短板。

其一，高层次平台数量偏少。国家级工程技术研究中心仅有2家（潍柴动力、盛瑞传动），而济南、青岛都分别达10家以上；现有研发平台大部分仅限于为少数企业自身提供技术服务，对于整个产业的带动作用发挥不足；高端人才严重紧缺。

其二，平台扶持政策有待加强。近年来，省外城市，如江苏无锡，都大幅度地增加政策、资金投入力度，吸引、集聚高端研发资源，推进了公共科技创新服务平台建设[2]。潍坊市在支持公共科技创新服务平台建设方面，扶持政策

---

[1] 李建军.创新政策实施问题研究[D].呼和浩特：内蒙古师范大学,2019.
[2] 秦煦,闫成建,杨侠.强化科技服务机构能力建设　破解科技成果转化制约瓶颈[J].安徽科技,2017（8）：22-23.

偏少，投入奖励力度偏弱，特别是在如何有效调动企业积极参与公共平台建设、实现政府购买科技公共服务转移支付等方面，政策还有待建立完善。

其三，平台建设资金投入仍然不足。市、县级财政尚未建成稳定的支持科技创新平台建设的投入机制，没有设立专项研发经费，没有形成多元化、多渠道的创新投入机制；企业研发平台普遍资金短缺，造成部分企业特别是中小企业，研发积极性不高，融资能力较弱。

从目前看，潍坊市本土的两院院士还未实现零的突破，而宁波现有8位全职院士，苏州有10多位，潍坊市"国家千人计划"人才75名，而苏州、嘉兴、南通都在200名以上。科技金融支撑创新能力不足，2018年度潍坊市全社会R&D经费投入153.25亿元，占GDP比重为2.62%，与省外的南通（227.5亿元）、宁波（279.4亿元）、苏州（524.5亿元），以及省内的青岛（307.1亿元）、烟台（189.6亿元）、济南（185.1亿元）相比，都存在较大差距。

二、产业结构嵌入重型化发展循环通道，向高层突破进展缓慢

主要体现在以下两个方面。

一方面，潍坊市传统产业具有一定的比较优势，产业结构偏重。中间产品、中低端产品、低附加值产品占比较高。石化、机械等6个传统产业规模以上工业企业实现营业收入占全市的比重超过2/3，能耗、水耗、排放等矛盾依然突出。战略性新兴产业占比偏低，"四新"经济规模偏小，新业态、新模式尚处于起步或跟跑阶段，对经济发展的引领作用尚未充分发挥，动能转换处于"阵痛期"和空档期。

另一方面，受市场低迷、贸易摩擦、行业整顿、产品价格下降和营业成本上涨挤压等多重因素影响，全市规模以上工业企业指标出现不同程度下滑，全市全员劳动生产率、人均生产总值全省靠后，低于全省平均水平；省"十强"

产业中，新一代信息技术、新能源新材料、高端化工等产业全员劳动生产率均低于全省平均水平。

三、科技创新生态环境缺失，制约产业技术自主创新能力

创新型城市建设是一个系统工程，涉及政、经、产、学、研多个部门，多个层面。在潍坊市既有的创新基础、产业结构、创新要素和创新能力的条件下，潍坊市创新型城市建设的基本特点呈现出政策导向，即政府主导、企业主体、产学研合作、全社会参与的创新局面。

目前，潍坊市在科技资源共享方面缺乏全面支撑的平台，基于利益共享、风险共担的产学研合作空间需要进一步拓展。尤其是科技研发能力较强的龙头企业，对产业链中为其配套的中下企业的技术指导不够多。同时，作为科技创新生态环境的重要组成部分，潍坊市的政务、法制环境和市场环境有待改善，目前无论是在开办企业、电力接入、办理施工许可和财产登记的流程环节、用时和费用等方面，跟很多南方城市相比都有不小的差距，市民的满意感不够高。

四、新旧动能转换基金运转效率不高

新旧动能转换基金运转效率不高，具体体现在以下几个方面。

其一，基金募资难度加大。受国家资管新规和经济增速放缓等因素影响，银行、保险资金无法进入，管理机构募资渠道收窄，财政出资难度增加。

其二，基金决策机制有待进一步优化。当前新旧动能转换基金设立、投资决策程序等方面市场化程度不够高，对基金投放效率造成一定程度的影响。

其三，对基金认识存在误区。部分企业将基金等同于银行贷款和政府专项资金，对基金市场化运作特性不了解；有的企业担心失去企业控制权，对股权

投资模式存在抵触心理。

五、受国内经济环境影响，政策资源配置能力受到限制

具体体现在以下几个方面。

其一，科技创新政策引导扶持存在"空档"。现行政策在兑现条件方面，多数采取"划杠""奖补"的办法，能享受到政策扶持的多是龙头骨干型企业，针对中小企业的引导扶持性政策较少，针对新产业、新业态、新模式的扶持政策配套相对滞后。

其二，科技型中小企业融资难、融资贵问题仍然突出。大部分科技型中小企业由于属于轻资产，部分优质企业受"担保链"影响，银行信贷受限；银行对企业有效信用信息资源的掌握还不充足，银企信息不对称问题不能有效解决，致使贷款当前依然侧重于有抵质押、担保等，信用贷款比例不高。

其三，企业用工成本较高。部分行业企业"招工难"问题较为突出，此外受创新氛围、科研基础、文化环境、待遇政策等方面的影响，高端人才难以长期留用，部分企业出现核心员工流失问题。

第四节　新旧动能转换下潍坊创新型城市发展建议

在创新型城市高质量发展进程中，潍坊市需要科学研判当前形势，既要看到当前创新发展积淀的优势，更要清醒地看到存在的一些问题和薄弱环节；既要牢牢把握机遇，更要敢于面临挑战。通过前期对潍坊市高新区、滨海区、诸城市、寿光市等县市区的深入调研，调研组进一步明确了潍坊市创新型城市高

质量发展进程中的优势和不足，针对存在的问题，借鉴深圳、杭州、苏州、青岛等城市创新型城市建设的先进经验，提出以下发展建议。

一、促进政产学研深度合作，着力突破创新资源匮乏瓶颈

（一）深度开展多层次、多形式的科技精准对接活动

潍坊市坚持把与中科院和"双一流"高校科技合作作为"双招双引"工作的重要抓手，定向招引院校资源，组织企业与国内外高校院所专家团队开展高效、精准的科技对接，充分发挥专家人才在各自领域的知识、技术、资源优势，推动科技成果、技术服务等优势资源服务企业创新发展，全面搭建高校院所与企业合作的桥梁。

组织开展科技人员、院校专家到企业"把脉会诊"，有针对性地提供政策辅导、技术诊断和规划指导等服务。探索实行"互联网+"的合作对接模式，完善线上线下相结合的服务体系。大力拓展与高校科研院所产学研对接活动，通过引进来、走出去等多种方式组织专业对接会，每年组织举办6次以上的专业精准对接活动，推动潍坊市1000家企业对接100家科研院所和高校，开展实质性的科技合作，吸引更多先进成熟的应用技术成果来潍坊落地转化。

（二）加大大院大所引进力度

依托潍坊市传统优势产业，不断加强与中科院、中国工程院、北京大学、清华大学等国字号大院大所的深度对接合作，深入对接京津冀、长三角经济圈，进一步拓宽企业、高校、科研院所精准合作渠道。以整建制引进、建立分支机构、联合共建研发平台等方式，推动中科院化学所潍坊化工新材料产业技术研究院、中科院沈阳应用生态所潍坊现代农业与生态环境研究院、清华大学潍坊人工智能研究院、山东大学银轮动力工程研究院等引进共建工作。

拓宽企业、高校、科研院所精准对接渠道，推动企业与中科院、中国工程院、中科院大学、西安交通大学、复旦大学等高校院所的务实交流合作，大力推广股份制合作成立公司的合作模式。支持引进科研院所创新发展，全面提升与中科院的战略合作，明晰科研院所功能定位，增强在应用基础研究和行业共性关键技术中的骨干引领作用。充分发挥潍坊市产业基础特色优势与研究所的学科研发优势，以重点领域行业龙头企业为承载，建立长效对接机制，集聚大院大所创新资源，按照"双招双引"要求，以整建制引进、建立分支机构、联合共建等方式，每年新引进5家以上研究院或分支机构，提升全市行业共性、关键技术研发转化能力。

（三）加强国际科技交流合作

坚持开放包容，积极主动寻求国际交流和合作，打造国际科技合作潍坊品牌。在充分发挥潍坊硅谷高科技孵化器、中以科技转移平台等高端国际科技合作平台作用的基础上，与欧美、日韩等国家深入开展国际科技合作与交流，大力建设国际科技合作基地，强化引进外国高端专家和先进成熟技术，支持兴瑞生物、天瑞重工等企业在海外建立研发中心，全方位提升潍坊市科技国际化水平。每年新建海外研发中心、国际科技合作基地等高端国际科技合作平台4家以上。

围绕"一带一路"建设，拓宽国际合作渠道，搭建国际合作平台，支持企业在海外建立研发中心。围绕潍坊市优势产业、新兴产业以及社会发展与环境建设中的重大创新问题，积极主动寻求国际合作和交流。推动企业"走出去"与"引进来"相结合，搭建国际科技高端合作平台。进一步鼓励海外企业、科研机构来潍坊设立研发中心和创新中心，广泛开展国际科技合作[①]。加快海外研发中心建设，围绕建立以企业主导的技术创新体系，尽快增强企业对国内外科技资源的配置能力，支持有条件的企业采取多种方式建立海外研发中心与机构。

---

① 杨长军.东营市创新型城市建设实证研究[D].北京：中国农业科学院,2009.

（四）建立完善多元化科技创新投融资体系

进一步强化财政投入对自主创新的导向作用，制定和落实有关税收激励政策，建立和完善支持创新型企业发展的信用担保体系，加快发展创业风险投资事业。提供科技金融服务，实现科技与金融全产业链对接。进一步完善金融创新体系。强化金融对人才的支持，推动银行机构设立"人才贷"，支持高层次人才创新创业。

二、加快推进高端创新平台建设，提升产业创新能力

（一）加快打造一批创新创业共同体

1. 创新创业共同体发展重点

围绕新旧动能转换重大工程，按照"突出市场导向、创新体制机制、促进成果转化、引领产业升级"的建设原则，学习借鉴苏浙粤经验，加快建设市产业技术研究院和专业技术研究分院。

根据全市战略性新兴产业发展需求，以需求牵引、多元共建、体系开放、水平一流为原则，依托骨干研发机构和行业龙头企业组建产业技术研究院，开展行业共性技术及关键技术研发、成果转化、企业孵化、技术服务和人才培养，逐步建立起满足产业发展需求的技术支撑体系。加强与省产业技术研究院的合作，对原创性和基础性成果进行二次开发，实现从"科学"到"技术"关键环节的转化。

全力推动产业技术研究院和行业分院加快进入全省"1+30+N"的创新体系行列，打造"政产学研金服用"创新创业共同体。继续推进市工业研究院、科教创新园建设，研究制定支持产业技术研究院等新型研发机构建设的政策措施，建设省内首家"潍坊市工业互联网云平台暨智能制造云体验中心"。

市产业技术研究院为不纳入机构编制管理的法人事业单位，实行企业化管理、市场化运营，以"产业技术研究院+公司+基金+各类创新主体+孵化园区"为主要框架结构。近期重点培育潍坊市产业技术研究院、先进光电芯片研究院、

磁悬浮产业技术研究院等，在项目、资金、人才方面给予重点倾斜，在全市率先建成具有较强影响力的创新创业共同体。

计划到2021年年底，建设10家以上市级创新创业共同体，培育1~3家以上省级创新创业共同体。到2019年年底，重点建设"潍坊先进光电芯片研究院"等4家市级创新创业共同体；2020年，争取建设3家以上市级创新创业共同体；2021年，争取建设3家以上市级创新创业共同体。以市产业技术研究院为基础，整合潍坊市已有和新引进院所的力量，不断推出创新成果。

2. 创新创业共同体建设措施

主要做好以下几方面工作。

其一，实现体制机制创新。积极探求新型研发机构的改革发展模式，努力搭建高校院所和企业之间、科研成果和市场产品之间的桥梁，全面构建市场导向的管理机制、灵活包容的人才机制、开放创新的合作机制。

其二，推动关键技术突破。结合潍坊市产业优势和特色，采取新建、加盟、兼并收购等多种方式组建专业研究所，围绕产业核心技术需求，开展技术攻坚行动，通过重大项目与科研项目推动关键产业技术创新突破。

其三，打造多产业集聚区。聚焦新一代信息技术、高端装备制造、化工新材料、现代农业与生态环境、盐卤产业、半导体光电芯片、磁悬浮与智能磁电、智能农机装备等重点产业领域，联合高校院所，依托龙头企业，重点打造一批特色产业技术研究院，构建具有潍坊特色的产业技术研究院体系。

其四，营造舒适科研环境。对市产研院的办公场所、展厅和服务基础设施等进行统一功能建设规划，做好配套基础设施建设，为市产研院引进的高层次人才提供办公、住宿、餐饮、商务休闲等综合性配套服务。

（二）加快企业技术创新平台建设

积极搭建高水平的国家级、省级和市级技术创新中心、工程技术研究中心、重点实验室、工程实验室、企业技术中心、院士专家工作站、院士工作站、博士后科研工作站[①]等创新平台，支持企业联合高等院校、科研院所和外地企业，承建国家重点实验室等高层次创新载体，着力解决影响企业创新发展的"卡脖子"技术难题，提升企业创新能力。

其一，积极对接科技厅、科技部，全力推动潍柴国家燃料电池技术创新中心建设。充分发挥潍柴国家商用汽车动力系统总成、盛瑞国家乘用车自动变速器等国家级工程技术研究中心的研发龙头带动作用，进一步提升国家级平台在全市应用技术研究和行业共性关键技术中的功能水平，推动建成世界一流的研发平台。

其二，围绕高端装备、电子信息、生物医药等重点产业领域，积极推进优势企业申报省级工程技术研究中心、重点实验室、技术创新中心等高端研发平台，提升产业核心竞争力。以企业为主体，瞄准国内外创新发展前沿，每年新建10家省级以上工程技术研究中心、重点实验室、院士工作站等创新平台。2019年重点推动豪迈机械、新力超导、寿光蔬菜产业集团等10家省级创新平台建设；2020年重点推动共达电声、迈赫机器人、亚泰农业等10家省级创新平台建设；2021年重点推动龙港无机硅、兴瑞生物、泰诺药业等10家省级创新平台建设。

其三，积极推进平台、项目一体化。紧紧把握国家、省财政科技计划管理改革动向，进一步健全完善科技计划项目库，做好项目储备；加强与科技部、科技厅的对接，重点推荐有高端研发平台的企业申报省级以上科技计划项目，帮助企业做好申报材料，提高项目申报的命中率。力争每年有50个项目列入国家、省计划盘子，争取上级资金2亿元以上，进一步提高平台的研发能力和技术攻关水平。

（三）加快公共研发平台建设

以培养市场主体和科技创新孵化载体为重点，完善"众创空间→科技企业

---

① 姜豪.政府主导下的青岛市品牌经济发展研究[D].青岛：青岛大学,2019.

孵化器→加速器→产业园区"全链条科技企业孵化育成体系。继续推进市工业研究院、科教创新园建设，探索筹建市产业技术研究院、浙江大学潍坊工业技术研究院等科研院所。研究制定支持产业技术研究院等新型研发机构建设的政策措施，建设省内首家"潍坊市工业互联网云平台暨智能制造云体验中心"。围绕优势产业和特定技术领域、特定人群，引导企业孵化器在研发、融资、创业辅导、技术转移、知识产权等方面提供专业化服务[①]，着力打造一批专业化科技企业孵化器和众创空间。

三、加大高新技术企业培育力度，培植壮大高新技术产业规模

（一）加快科技孵化载体建设

围绕优势产业和特定技术领域、特定人群，引导企业孵化器在研发、融资、创业辅导、技术转移、知识产权等方面提供专业化服务，着力打造一批专业化科技企业孵化器和众创空间。在先进制造、电子信息等领域，孵化培育一批具有行业核心竞争力的科技型企业。2019年，潍坊市级以上科技企业孵化器和众创空间总量为100家；计划到2021年年底，市级以上科技企业孵化器和众创空间总量突破150家，打造孵化高新技术企业的摇篮。

（二）加快培植一批引领发展型科技企业

进一步加大"双招双引"力度，大力引进战略性新兴产业、高新技术产业领域企业[②]。加大高新技术企业政策宣传辅导培训，通过分类指导、梯次培育、差异扶持、扩量提质，做好国家科技型中小企业入库评价工作，每年精准帮扶一批重点科技型中小微企业，推动更多科技型中小微企业成长为高新技术企业。

---

① 王怡.苏州市科技创新国际合作经验与分析[J].科技与创新,2016(24):39-40.
② 姜豪.政府主导下的青岛市品牌经济发展研究[D].青岛:青岛大学,2019.

2020年，全市高新技术企业总数为850家；到2021年年底，力争达到1000家，涌现出一批具有影响力的独角兽企业、瞪羚企业和创新型领军企业[①]。

（三）加快推进高新技术产业集群建设

依托潍坊高新区，超前布局一批新的未来产业，加大对新技术、新产业、新业态、新模式的培育发展力度。进一步提升潍坊半导体发光创新型产业集群、潍坊高端动力装备产业集群等现有国家级创新型产业集群（试点）发展水平，提高产业核心竞争力。

坚持实施大企业带动战略，坚定不移支持潍柴集团、歌尔股份等龙头骨干企业加快发展，示范带动产业集群发展。积极推动集群内科技型大中小企业形成完善的生产配套或协作体系，支持与集群产业链相关联的研发设计、创业孵化、技术交易、投融资、知识产权、教育培训等创新服务机构建设，构建集群产业生态系统。

发挥龙头企业带动作用，积极打造优势产业集群。全力支持潍柴新能源动力产业园建设，引领全市加速打造国际动力城。充分发挥歌尔集团综合技术优势，加速建设歌尔智慧城。全力打造一批高新技术、火炬计划特色产业基地等产业集群，重点推动"潍坊动力装备产业集群"成为全省产业集群转型升级示范，推动潍柴动力设立全国内燃机标准化委员会可靠性分技术委员会。

（四）着力打造科技创新示范园区

积极争创寿光国家高新区，在资金、项目、平台等创新要素方面向高新区倾斜，打造全市创新发展隆起带。扎实推进潍坊（寿光）高新区"以升促建"工作，加速推进高新区争先进位实现转型发展、创新发展，高标准编制完善高新区总体发展规划及产业发展规划，赋予"寿光模式"新内涵，着力打造集品种培育、

---

① 山东经济形势分析与预测（2018）[R].山东蓝皮书,2018-03-15.

技术研发、加工增值等于一体的现代农业高新技术产业体系，带动区域创新能力提升。

在生物育种、食品加工、生态循环农业、智慧农业、大数据、云计算等领域大力实施农业科技项目，助推潍坊国家农业开放发展综合试验区建设，为农业发展插上科技翅膀，加大农产品新品种研发力度，提升"寒亭西瓜""潍县萝卜"等品牌的国内外影响力。充分发挥各类科技创新园区的核心载体作用和引领作用，着力发挥全市100多家规模以上特色经济园区的作用，推动各类园区向现代产业园区转型，打造全市创新发展的先导区、引领区、示范区，带动区域创新能力提升。

四、拓宽科技成果转移转化渠道，打通成果转化"最后一公里"

（一）搭建高水平技术转移平台

以"科技资源集散中心"和"一站式科技创新服务平台"为目标，以市场需求为导向，以推动技术成果向现实生产力转化为核心，优化配置技术、中介、资金、人才等市场要素，为科技成果转移转化提供有效信息服务。

搭建高水平科技成果技术转移平台[①]，加速知识产权产业化进程。建设"政府、企业、科技中介、技术经纪人"四位一体的潍坊市技术交易服务中心，引进建设中科院山东综合技术转化中心潍坊中心等技术转移机构，为企业科技创新提供全面技术支持。构建高校院所、企业技术转移工作网络，加大技术交易力度，每年技术市场交易额达到60亿元。

---

① 山东省人民政府关于印发山东省"十三五"科技创新规划的通知[R].山东省人民政府公报,2017-01-20.

（二）建立健全科技成果转移转化机制

制定修订《潍坊市支持培育技术转移服务机构补助资金管理办法》《潍坊市科学技术奖励办法》，进一步完善技术转移、成果转化支持政策。修订完善《潍坊市科学技术奖励办法》，探索建立社会化的科技奖励机制。

强化创新资源争取，优化创新资源配置，加强基础研究和关键技术攻关，探索科技成果奖励的机制和办法，抓好转化平台和中介机构建设，打通从科研成果到现实生产力的"最后一公里"，实现科技成果就地转化形成生产力。

深入推进科技成果权益管理改革，全面落实国家和省促进科技成果转化的政策措施。提高科技人员就地转化科技成果所得收益奖励比例，强化对科研人员的创新激励。加大对科技类社会服务机构的支持力度，强化对新技术、新产品、新成果导入阶段的金融支持。

（三）加大优秀科技成果奖励力度

做好国家和省科技奖励申报组织推荐工作，对全市科技成果进行综合筛选，把整体技术水平高、自主创新能力强、产业带动作用明显、社会效益显著的科技成果，列为国家、省科技奖励的重点推荐对象，争取更多的优秀成果能够获得上级科技奖励，促进潍坊市新旧动能转换。

努力挖掘潍坊市科技型企业的创新潜力，大力支持企业培育、转化科技成果。加强与中科院、东北大学等高校院所联系，组织企业与国内外高校院所专家团队开展高效、精准对接，充分发挥专家人才在各自领域的知识、技术、资源优势，推动科技成果转移转化。

健全科技成果转化收益分享机制[1]，对科技人员就地转化科技成果所得收益可按至少80%的比例奖励给主要科研人员。加大科技人员股权激励力度，提高全社会加快成果转化的热情和积极性。加大科技成果培育转化力度，每年转

---

[1] 李建军.创新政策实施问题研究[D].呼和浩特：内蒙古师范大学,2019.

化100项重大科技成果。

（四）全面推进知识产权强市建设

重点围绕实施知识产权管理能力提升工程、大保护工程、运用促进工程、质量提升工程、发展环境建设工程"五大工程"，全力抓好潍坊市知识产权强市创建工作落实。全面建成知识产权保护中心，大力提升知识产权创造能力，力争全市发明专利申请量和授权量位居全省前三位。

进一步完善知识产权资助制度，适当扩大专利专项资金规模，优化专利专项资金支出结构，加大对发明专利、国际专利申请费和维持费的支持力度[①]。构建专业高效的知识产权服务体系，不断完善知识产权服务载体，优化知识产权服务市场环境。培育壮大知识产权中介服务品牌，建立全市知识产权服务业联盟，发挥行业组织自律作用，开展机构分级评价，建立健全信用管理制度，提升服务质量。

五、加强科技人才队伍建设，为创新发展提供智力支撑

（一）进一步完善人才引进和培养机制

千方百计创造条件，引进高端人才和知名院所。营造良好人居环境，激发城市活力，提高城市品位，吸引高层次人才来潍坊创业安家。以科技领军人才引进为重点，把科技创新平台打造成科技人才的事业平台，建立以平台、项目吸引和培养人才的机制。

进一步强化人才制度创新。研究制定潍坊市人才分类认定办法，研究优化鸢都产业领军人才配额制度，研究制定支持潍柴集团建设国际一流人才高地的

---

① 袁伟.技术创新视角下的资源型城市经济转型[D].济南：山东大学,2007.

政策措施，研究制定鼓励社会中介组织和个人引才奖励办法。公布首批"人才潍坊伯乐"名单，研究制定企业高管人才薪酬补贴激励办法。

（二）更大力度引育高端人才

围绕创新型城市建设重点行业和重点领域发展需求，建立健全更加积极、更加开放、更加有效的人才政策体系。研究优化潍坊市人才分类认定办法，有效实施人才强市发展战略，补齐高端人才不足短板。突出"高精尖缺"，加强国家"万人计划"、泰山产业领军人才、山东省"外专双百计划"专家、鸢都产业领军人才等各类人才的引进培育[1]。按需引才，不唯学历，重在引进有真才实干的各类人才，同时重视本地人才的挖掘与培育。突出人才强企，最大限度降低企业引才成本，放大"人才潍坊伯乐"效应，激发企业家引育人才创造力。

充分发挥引进外国人才和智力工作优势，每年引进外国人才400人次以上。组织实施好"鸢都友谊奖"评选，确保引才引智工作更好地融入科技创新和改革发展大局。进一步发挥省级留学人员创业园优势，加大海外留学人员引进力度。推进"走进大院大所"常态化，进一步发挥高校引才育才主体作用，组建驻潍坊高校人才工作联盟，吸引潍坊籍在外高层次人才回潍坊创新创业，研究制定推进潍坊学院校地校企人才共享发展的政策。深入推进大学生集聚工程，推进"潍坊名校直通车"常态化，每年引进大学本科以上高校毕业生1.2万人以上。

（三）更大力度组织举办创新创业大赛

坚持"以赛代评"，常态化举办国际人才创新创业大赛，广泛吸引海内外高层次人才带技术、带项目、带创意、带资金来潍坊创新创业。组织筹办潍坊市大众创业万众创新活动周、潍坊国际人才周、科技活动周等系列活动，组织

---

[1] 刘伟.全力打造人才聚集"强磁场"[N].潍坊日报,2016-10-24.

好世界风筝都·潍坊国际人才创新创业大赛等全市创新创业大赛，推荐优秀人才参加国家创新创业大赛、山东省创业齐鲁·共赢未来高层次人才创业大赛、山东省科技工作者科技创新大赛、山东省大学生科技节等创新创业竞技行动和创业大赛，力争更多人才纳入省支持范围。

鼓励支持社会力量参与或举办创新创业大赛等活动，组织开展青年科技奖评选、建设互联网新媒体创业大学等，积极举办好潍坊市创新创业大赛、大学生创新创业大赛和山东省中小微企业创新竞技行动计划分领域赛事，广泛吸引"创客"来潍坊推广创新成果、开展创业活动。打造创新创业达人秀，在广泛延揽创新创业资源的同时，加强氛围营造，弘扬众创精神，培育出更多的优秀人才和创新型企业，形成人才创新活力竞相迸发的良好局面。

（四）更大力度优化人才发展环境

建立人才包靠制度，常态化做好专家人才联系服务工作，定期走访慰问，解决人才需求问题。完善人才服务配套措施，在医疗、教育、住房等方面提供支持。在为外国高端人才办理《外国人工作许可通知》《外国人工作许可证》等方面提供"一站式""保姆式"服务。发挥各类招才引智工作站的引才作用，为高技术人才的培养与成长提供平台。建立更具竞争力和吸引力的人才集聚机制，发挥各类招才引智工作站的引才作用，改善创业与创新环境，为高技术人才的培养与成长提供平台。推动以企业为主体的人才队伍建设，通过一定的优惠政策、灵活的体制等引导企业对人才队伍建设的投入。

以"一次办好"改革为契机，编制人才专员服务清单，畅通人才服务绿色通道，提升人才服务信息化水平，实现人才服务流程再造，真正"让人才少跑腿、让数据多跑路"。着力建设一批国际学校；依托市内三甲医院，加快国际门诊建设；多渠道、多层次规划建设一批人才公寓。

六、强化组织与考核,为创新型城市高质量发展提供保障

主要做好以下几方面工作。

第一,制定创新型城市工作推进措施。进一步分解细化任务目标,压实工作责任,推进落实创新型城市建设,完成预期目标。

第二,加强组织领导。建立创新型城市建设及验收工作专班,及时研究解决工作中遇到的困难和问题。邀请上级领导和专家考察指导,统筹推进创新型城市建设和验收工作。

第三,加大科技投入。规范各级财政科技投入口径,优化支出结构,确保每年科技投入增长幅度不低于同级财政预算支出的增长幅度。创新支持方式,发挥财政资金的杠杆作用,充分运用风险补偿、后补助、创投引导等方式,引导和带动社会力量支持科技创新[1],提高财政资金使用效率。

第四,建立考核机制。研究建立创新型城市评价指标体系,将创新型城市建设重点工作指标纳入对各县区、市属开发区的综合考核内容,将创新型城市建设的重点任务纳入对市直有关部门、单位的差异化考核内容。

---

[1] 山东省人民政府关于印发山东省创新型省份建设实施方案的通知[R].山东省人民政府公报,2017-11-30.

第四章

新旧动能转换下烟台创新型城市发展

第四章
新旧动能转换下烟台创新型城市发展

本章依据烟台市科技局提供的烟台创新型城市发展的相关数据与资料，对新旧动能转换下烟台创新型城市发展概况、创新型城市建设成效、创新型城市建设措施、创新型城市总体评价等内容进行整合分析，进而提出新旧动能转换下烟台创新型城市发展建议，以期为其他地市的创新发展提供一定的现实借鉴。

第一节　新旧动能转换下烟台创新型城市发展概况

一、烟台城市发展概况

烟台位于胶东半岛东部，辖4区、1县、7个县级市和2个国家级经济技术开发区、1个国家级保税港区、1个国家级高新技术产业开发区、1个国家级自然保护区，陆地面积1.39万平方千米，海域面积2.6万平方千米，海岸带长1038千米，常住人口701万人。2016年实现生产总值6925.7亿元，在全国城市中位次前移至第19位，一般公共预算收入577.1亿元。先后荣获四届全国文明城市、五届"全国科技进步先进市"、六届全国社会管理综合治理优秀城市，是亚洲唯一的国际葡萄·葡萄酒城，荣获联合国人居奖、中国优秀旅游城市、中国投资环境"金牌城市"等荣誉称号。

烟台工业门类比较齐全。《国民经济行业分类》的41个工业大类中，烟台市工业涉及37个，形成了5个千亿级和18个百亿级产业集群，已经培育起汽车制造、海工装备、电子信息、生物医药、食品加工、黄金采炼、现代化工等主导产业，正在大力发展航空航天、核电装备、高铁装备、3D打印、机器人等新兴产业。2016年规模以上工业主营业务收入达1.63万亿元，在全国大中城市排名前移至第八位，实现利润1169.6亿元，两项指标绝对额均居山东省首位[①]。

烟台农业特色鲜明。盛产苹果、大樱桃和海参、鲍鱼等农特产品，张裕葡萄酒、鲁花花生油、龙大食品等品牌全国知名，农产品出口占全国的1/20，水产品出口占全国的1/10，全国每10个苹果就有1个产自烟台，每3瓶葡萄酒中就1瓶产自烟台，每100克黄金就有38克产自烟台。

烟台服务业繁荣发展，正在创建国家全域旅游示范区。大力发展医疗健康、物流、金融、文化创意等现代服务业，是中国鲁菜之都。2016年"蓝天白云"天数342天，每年接待海内外游客6000万人次，港口货物吞吐量3.3亿吨。作为全国首批14个沿海开放城市之一，已有近百家世界500强企业来烟投资，年进出口额500亿美元左右，与"一带一路"沿线国家全部建立贸易往来。

2010年1月，烟台市获批创建国家创新型试点城市，是首批国家知识产权示范城市。"十二五"期间，烟台组织实施了近千项省级以上重大科技项目，共获得国家科技奖励19项，省级科技奖励191项。目前，烟台是全国唯一获得4项以上国家科技进步一等奖的地级市。2015年，烟台市全社会R&D经费支出占GDP比重达到2.54%，科技公共财政支出占公共财政支出的比重达到2.9%，高新技术产业产值占规模以上工业总产值的比重达到41%以上，科技进步贡献率达到63%。2016年，烟台高新区进入山东半岛国家自主创新示范区建设行列。2017年6月，通过了由科技部、国家发展改革委组织的第三方评估。

---

① 李仁.烟台,跃上新台阶[N].烟台日报,2017-03-12.

二、烟台创新型城市建设指标完成情况

自试点批复以来，烟台市在山东省委、省政府的坚强领导和科技部、发展改革委的正确指导下，紧紧围绕创新型城市建设的工作要求，贯彻落实新发展理念，突出科技创新核心地位，大力实施创新驱动发展战略，持续深化科技体制改革[①]，积极打造宜居宜业宜游的高品质城市，扎实开展试点建设各项工作，着力提升产业内生动力，助推全市高质量发展。创新型城市建设不断深化，区域创新能力显著提升。

根据烟台市科技局提供的数据资料，烟台创新型城市建设指标完成的具体情况如下。

（一）全社会R&D经费支出占地区GDP比重

该指标计算公式为：（全社会R&D经费支出/地区GDP）×100%。建设方案目标值：到2015年，全社会R&D经费支出占地区GDP比重达到2.5%以上。完成情况：完成建设方案目标。2015年，烟台市全社会R&D经费支出163.8亿元，地区GDP为6446.08亿元，全社会R&D经费支出占地区GDP比重为2.54%。

指标分析：2015年度烟台市全社会R&D经费支出同比2010年增长91%，年均增长13.8%。全社会R&D经费支出占地区GDP比重由2010年的1.97%提高到2015年的2.54%，年均增长0.114个百分点。2018年度烟台市全社会R&D经费支出为187.1亿元，同比2015年增长14.22%；全社会R&D经费支出占地区GDP比重由2015年的2.54%降低到2018年的2.39%，同比降低5.91%。如图4-1所示。

---

① 慕溯.高质量激活科技创新新动能[J].走向世界,2019（18）：18-23.

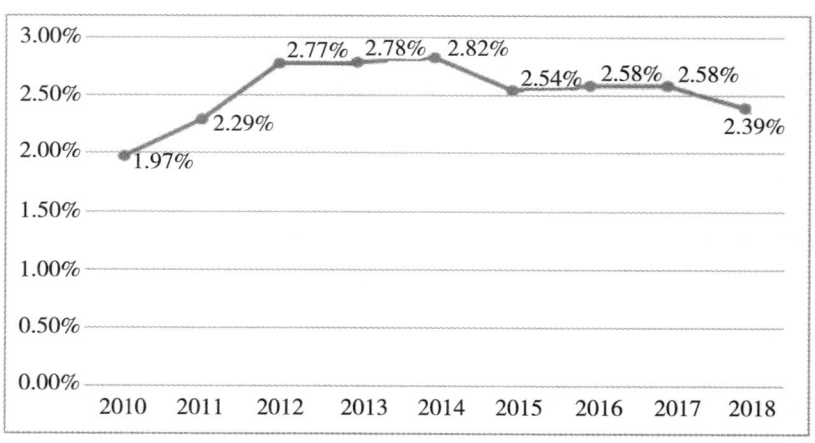

图 4-1　烟台市全社会 R&D 经费支出占地区 GDP 比重（2010—2018）

（二）高新技术企业数及占规模以上工业企业数量比重

该指标计算公式为：（高新技术企业数/规模以上工业企业数）×100%。建设方案目标值：高新技术企业数量达到 300 家以上。完成情况：完成建设方案目标。2015 年度烟台市高新技术企业数为 301 家，规模以上工业企业数为 2657 家，高新技术企业数及占规模以上工业企业数量比重为 11.33%。

指标分析：高新技术企业数量及占规模以上企业比重逐步增加，2015 年，全市高新技术企业数量同比 2010 年增长 83.5%，年均增长 12.9%。高新技术企业数量占规模以上工业企业数量比重由 4.76%（2010 年）提高到 11.33%，年均增长 1.31 个百分点。如图 4-2 所示。

该指标计算公式为：（科技公共财政支出/公共财政支出）×100%。建设方案目标值：到 2015 年，科技公共财政支出占公共财政支出的比重达到 2.8%以上。完成情况：完成建设方案目标。2015 年，烟台市用于科学技术方面的财政性支出为 18.64 亿元，公共财政预算支出为 643.53 亿元，科技公共财政支出占公共财政支出的比重为 2.9%。

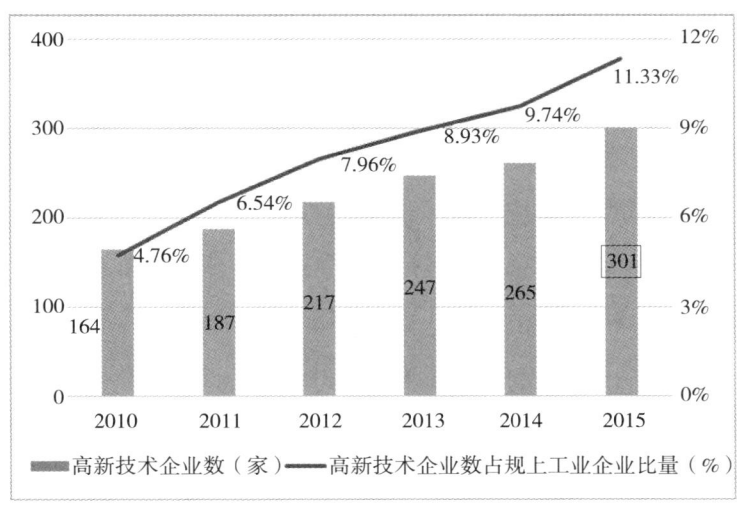

图 4-2 烟台市高新技术企业数及占规模以上工业企业数量比重（2010—2015）

（三）科技公共财政支出占公共财政支出的比重

指标分析：2015 年度烟台市科技公共财政支出同比 2012 年增长 75%，年均增长 11.8%，高于财政经常性收入增长幅度。2018 年度烟台市科技公共财政支出为 28.99 亿元，同比 2015 年增长 55.51%；科技公共财政支出占公共财政支出的比重为 3.83%，同比 2015 年增长 32.07%。如图 4-3 所示。

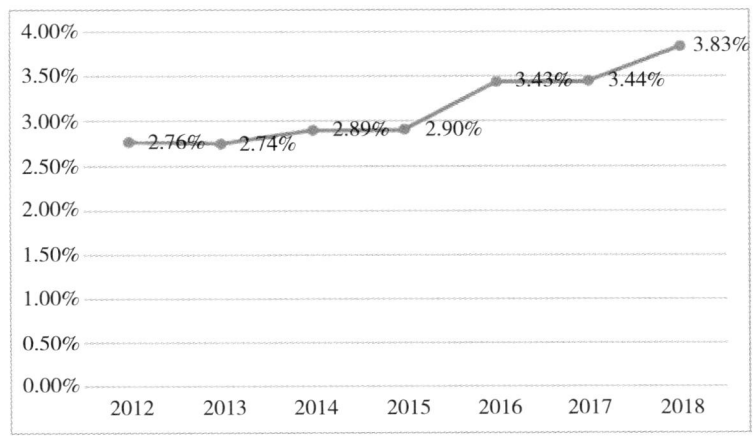

图 4-3 烟台市科技公共财政支出占公共财政支出的比重（2012—2018）

（四）企业研发投入占全社会研发投入比重

该指标计算公式为：（企业研发经费总额/全社会研发投入总额）×100%。建设方案目标值：企业研发投入总额占全社会研发投入比例达到50%以上。完成情况：完成建设方案目标。2015年，烟台市企业研发投入为157.9亿元，全社会R&D经费支出为163.8亿元，企业研发投入占全部研发投入比例为96.4%。

指标分析：2010—2015年，企业研发投入稳步提升，2015年度企业研发投入总额同比2010年增加92.8%，年均增长14%；期间企业研发投入占全部研发投入的比重平稳保持在95%~96%。2015—2018年，企业研发投入整体呈现上升趋势，2018年度企业研发投入总额为175.18亿元，同比2015年增长10.95%；但企业研发投入占全部研发投入的比重整体呈现下降态势，2018年度企业研发投入占全部研发投入的比重为93.65%，同比2015年下降2.85%。如图4-4所示。

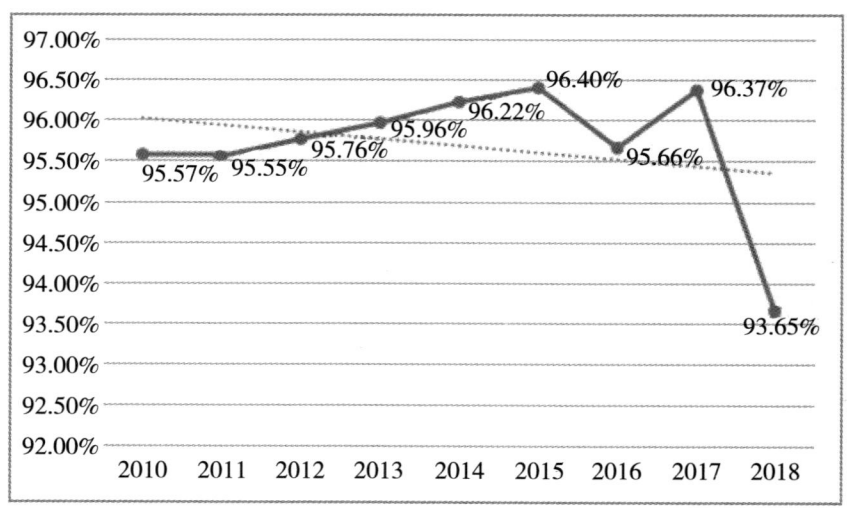

图4-4　烟台市企业研发投入占全社会研发投入比重（2010—2018）

（五）高新技术产业产值占规模以上工业总产值比重

该指标计算公式为：（高新技术产业产值/规模以上工业总产值）×100%。建设方案目标值：高新技术产业产值占规模以上工业总产值的比重达到40%以上。完成情况：完成建设方案目标。2015年高新技术产业产值6432.11亿元，规模以上工业总产值15 646.09亿元，高新技术产业产值占规模以上工业总产值的比重为41.11%。

指标分析：高新技术产业产值及占规模以上工业总产值比重逐步提高[①]，2015年，烟台市高新技术产业产值同比2010年增加36.6%，高新技术产业产值占规模以上工业总产值的比重比2010年增加2.42个百分点，年均增长0.484个百分点。如图4-5所示。

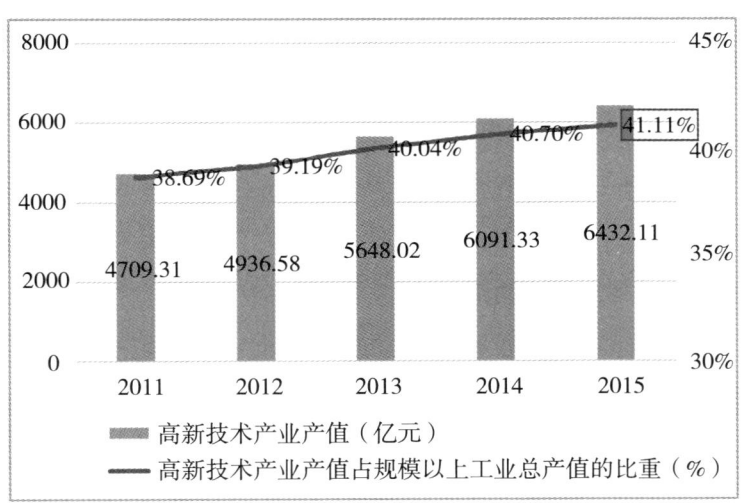

图4-5 烟台市高新技术产业产值占规模以上工业总产值比重（2011—2015）

（六）服务业增加值占地区生产总值比重

该指标计算公式为：（第三产业增加值/地区GDP总量）×100%。建设

---

① 贾永飞，白全民，王金颖，等.基于因子分析与交叉DEA的国家自主创新效率评价：以山东半岛国家自主创新示范区为例[J].科技管理研究,2020,40（3）：39-45.

方案目标值：现代服务业占地区生产总值比重达到40%以上。完成情况：完成建设方案目标值。2015年，烟台市服务业增加值为2681.8亿元，地区生产总值为6446.08亿元，服务业占地区生产总值比重为41.6%。

指标分析：三次产业结构持续优化，2015年服务业增加值比2010年提高84%，年均增长13%，产业结构由2010年的7.7∶58.9∶33.4调整优化到6.8∶51.6∶41.6。如图4-6所示。

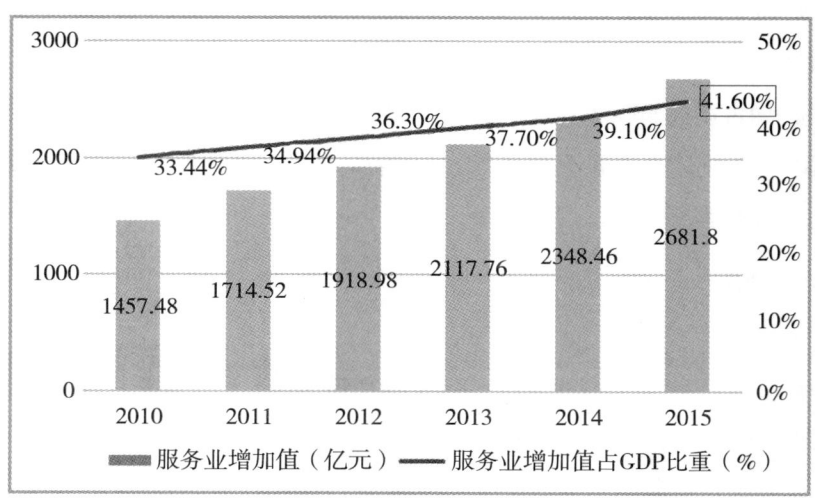

图4-6 烟台市服务业增加值占地区生产总值比重（2010—2015）

（七）单位生产总值能耗

该指标计算公式为：（能源消费总量/地区GDP总量）×100%。建设方案目标值：单位生产总值能耗年均下降达到省标准。完成情况：完成建设方案目标。2015年烟台市万元GDP能耗为0.33，年均下降5.47%，超额完成山东省下达的目标值。

指标分析：单位生产总值能耗逐年下降，山东省下达烟台市标准为"十二五"末万元GDP能耗下降率在"十一五"末基础上下降17%，年均下降3.66%；烟台市实际累计下降24.5%，年均下降5.47%。2018年，烟台市万元GDP能耗值为 0.29，较上年下降 3.45%。如图 4-7 所示。

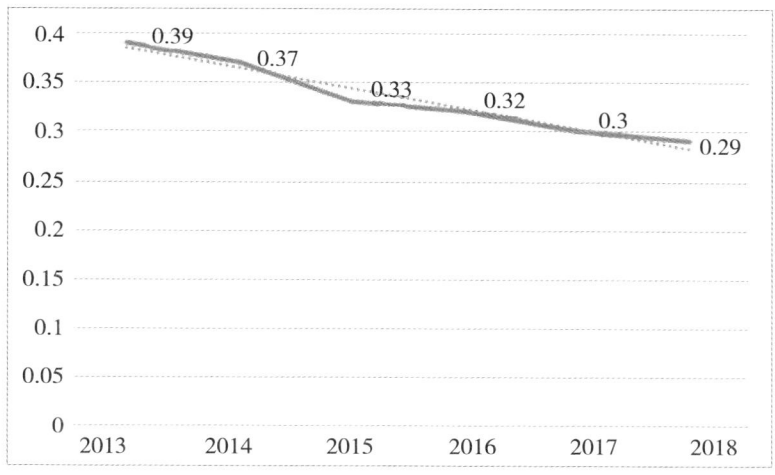

图 4-7　烟台市万元 GDP 能耗值（2013—2018）

第二节　新旧动能转换下烟台创新型城市建设成效

烟台市坚持把科技创新体系建设作为创新型城市建设的首要任务，进一步聚集创新资源，深化产学研合作，健全创新服务体系，大力实施知识产权战略，合力推进创新型城市建设。进一步构建科技创新体系，为创新型城市建设催生内生动力，创新型城市建设重点任务成效显著。

一、创新载体建设不断加强

烟台市深入加强创新载体建设，打造区域创新高地。2016年3月，烟台高新区获批进入山东半岛国家自主创新示范区建设行列，重点开展科技成果转移转化和产业组织方式创新方面的试点示范，集中打造海洋生物医药和海工装备两个"名片"产业。2017年10月，烟台作为核心城市之一，获批建设济青烟国家科技成果转移转化示范区，探索具有当地特色的成果转移转化机制。

在特色园区建设方面，全市现有国家农业科技园区2处（蓬莱、栖霞）、国家可持续发展实验区4处（牟平、长岛、龙口、莱州）、省级农高区2处（龙口、蓬莱）、省级农业科技园10处，截至2017年，除中心城区外的10个县市区均布局了各具特色的农业科技园区[1]。全市拥有国家级科研院所6家，共建立省级以上各类科技创新平台326处，建成科技企业孵化器123万平方米，在孵企业达1631家，累计毕业企业1041家，培育各类上市企业30家。

按照"政府引导、市场运作、多元投资"原则[2]，烟台市突出高新区和开发区引领作用，引导社会资本创办综合性、专业性科技孵化器和公共服务平台。烟台高新区大力实施科技"小巨人"孵化工程，创业1号、创业大厦、航空航天产业园等梯级创业载体平台突破100万平方米，科技创业服务中心、烟台大学生创业园、中俄科技园、山东国际生物科技园获批国家级科技企业孵化器。烟台开发区先后与路通、德邦、迈百瑞等骨干企业联合共建了先进制造、新材料、生物新药三大平台，并在平台基础上成立了三大产业联盟，与上海同济大学联合建设生物新药创制联合平台及开发基地，进行生物新药、现代中药和化学药物的开发。2017年，全市共有国家级科技企业孵化器8处、省级创业孵化示范

---

[1] 徐睿. 烟台高新技术产值全省第二[N]. 烟台日报，2017-03-08.
[2] 王锦，丁春文. 论高新区高层次人才集聚功能及其开发：以宁波高新区例[J]. 浙江万里学院学报，2011，24（5）：20-23.

基地5处，孵化器总面积300万平方米，在孵企业3000余家。

烟台市进一步加快农业科技园区、可持续发展实验区和产业技术创新战略联盟、重点实验室、工程（技术）研究中心等的建设与发展，打造区域创新示范高地。2017年，全市有国家工程技术研究中心5处、国家企业技术中心22处、国家企业重点实验室1处、国家地方联合工程实验室6处、国家工业设计中心1处、国家产业技术创新战略联盟2处、国家博士后科研工作站19处、国家农业科技园区2处、国家可持续发展实验区4处、国家国际科技合作基地2处；省级工程技术研究中心94处、省级企业技术中心110处、省级企业重点实验室17处、省级工程实验室22处、省级工业设计中心14处、省级产业技术创新战略联盟7处、省院士工作站25处、省博士后创新实践基地7处、省级农业高新技术产业示范区2处、省级农业科技园10处，全市科技创新基础能力建设进一步提升。

二、产学研合作持续推进

烟台市深入推进政产学研合作，推动创新要素集聚。近年来，烟台市与中科院、清华大学、北京大学等315所高校院所建立起了合作关系，组织300余家企业与高校院所开展40余场成果发布会和专业对接交流活动，实施产学研合作项目1390项，先后与上海交通大学、西南交通大学、中科院过程所、科技部中信所等高校院所合作共建了一批高端研发机构。同时，抢抓"一带一路"机遇，深化同欧美、韩国以及独联体国家的科技交流，推动共建了中集巴顿焊接技术研究中心，并先后举办"2017美国硅谷创业者烟台行"、中韩（烟台）高新技术成果推介会、第一届中国（烟台）海工装备国际研讨会等国际交流对接活动。

烟台市持续开展"大走访"活动。由市级领导带头、各县市区和市直部门主要负责人参与，走访国内有实力、有影响力的高校院所，按照"大走访"工作常态化、层次高端化、联系紧密化、合作实效化的要求,先后成功引进了中科院烟台海岸带研究所、中科院计算技术研究所烟台分所、中科院上海药物研究所烟台分所、中科院沈阳计算技术研究所烟台分所等一批科研机构。

烟台市积极推动校企合作,支持企业与高校院所共建研发机构,开展协同技术攻关。截至2017年6月,烟台市已与中国科学院、清华大学、北京大学、浙江大学等257所高校院所建立了合作关系,实施产学研合作项目1000多项[①],成功解决了企业创新发展中的一大批关键共性技术难题,促进了一大批成果的转移转化。北京科技大学烟台研究院、国家级烟台核电研发中心、山东省微纳卫星和脉冲星导航工程技术研究中心、上海交通大学烟台信息技术研究院、天津工业大学无线供电研究院等一批新型研发机构建设扎实推进。

烟台市"一带一路"国际科技合作取得新的突破,举办了"丝绸之路高科技园区联盟研讨暨成立大会",邀请俄罗斯、乌克兰、格鲁吉亚等8个沿线国家的政府部门、科技园区和高校院所参会。烟台中俄基地成功获批"国家级国际科技合作基地"。组建了多批次科技代表团赴俄罗斯、乌克兰等独联体国家知名企业和科研院所进行合作交流,并签署了多项合作协议,中集巴顿焊接技术研究中心投入运营。

三、创新服务能力不断提升

烟台市进一步强化关键技术突破,提升自主创新能力。市政府出台了《关于推进科技服务业发展的意见》等政策,促进科技服务资源有效配置和高效利用。深入推进科技报告制度建设,出台了《烟台市科技报告实施细则》,在国内地市级层面率先建立了科技报告服务系统,截至2017年共收录科技报告112份。烟台市大型科学仪器设备共享服务平台建成运行,实现大型科学仪器设备的信息互联互通、网上预约和网上补贴,截至2017年,全市入网大型科学仪器设备

---

① 李仁. 产业创新,激活"一池春水"[N]. 烟台日报,2017-06-02.

1277台套，设备原值突破10亿元，入网中小企业用户621家[①]，发放省市两级创新券补贴1250万元。

烟台市在全国首创"工业经济运行大跨度调度平台"，建立了一套上联主管部门，横连经济部门、下联工业企业，满足各方面数据、监测、信息需求的大跨度调度体系，涵盖34个行业大类的500余户企业。建立公开透明、科学高效的科技管理机制，在全国实现了"两个率先"：一是科技立项在全国率先建立了"网上申报、网上评审（异地）、网上公示"和"按分排序、上线提档、联合考察、择优立项"的机制，实行了项目申报、专家评审、项目立项全程公开；二是科技奖励在全国率先用技术手段将项目申报、专家遴选、专家评审等10项流程嵌入信息化网络工作平台，实现"制度加科技"的双重约束，有效保证评审的公正性。

烟台市加强创新主体培育，整合有限资源条件，通过政策、资金和项目导向，重点引导和支持创新要素向科技型企业集聚，提升企业自主研发能力[②]。"十二五"以来，全市累计投入财政科技资金百亿元，先后组织实施市级重大科技创新项目1000多项，带动企业研发投入1000多亿元，突破了全球最先进超深水双钻塔半潜式钻井平台"蓝鲸1号"、高端钛合金紧固件、"二苯基甲烷二异氰酸酯（MDI）制备关键技术"、"紧凑型玉米新品种"等一批核心关键技术，催生了一批具有自主知识产权的重大科技成果。截至2019年上半年，全市共取得各类成果1800项，第一完成单位获得4项国家科技进步一等奖，获奖数量居全国地级市首位[③]。21人入选"创新人才推进计划"、14人入选"万人计划"，31人入选科技类泰山产业领军人才、7人入选山东省杰出青年人才，高层次人才队伍不断壮大。

[①] 徐睿.烟台高新技术产值全省第二[N].烟台日报,2017-03-08.
[②] 李仁.产业创新，激活"一池春水"[N].烟台日报,2017-06-02.
[③] 慕溯.高质量激活科技创新新动能[N].烟台日报,2019-04-10.

四、知识产权战略深入实施

烟台市政府制定了《烟台市知识产权战略纲要》等一系列鼓励知识产权发展的政策，全面提升全市专利创造水平，专利执法保护力度不断加大。作为首批"国家知识产权示范城市"，在 2014 年度考核中，烟台市在全国 25 个国家知识产权示范城市（地级市）中位列第三名。2011 年以来，在国家知识产权局公布的年度专利执法维权工作绩效考核结果中，烟台市连续四年进入前十名，其中 2014 年，在全国 135 个地级及副省级城市中排名第四，在全国地级市中排名第一。

"十二五"期间，全市共申请国内发明专利 18122 件，获国内发明专利授权 3615 件，分别比"十一五"期间增长了 136.8% 和 280.5%。全市每百万人口专利授权量达到 6687 件，发明专利申请量年均增长 27.2%，万人发明专利拥有量达到 5.56 件。

五、建设公共服务平台，提高创新服务水平

烟台市出台了《关于推进科技服务业发展的意见》等政策文件，引导科技服务资源配置和高效利用。成立了中国科学院山东综合技术转化中心烟台中心、中国（烟台）知识产权保护中心等技术转移服务机构，在国内率先建成"烟台市产业导航服务平台"，以"互联网+"、大数据技术为支撑，集科技资源、科技数据、科技服务和科技管理于一体，促进科技、产业、金融三者融合发展。

截至 2017 年，平台共收录行业信息 10 万余条、专利信息 1.9 万余条，服务企业 470 余家，推送商业情报 8000 余条，相关经验做法在全省推广。2019 年，启动筹建烟台市（国际）技术市场，通过建设线上线下科技成果交易服务体系，打造立足烟台、面向全省、辐射全国、连通国际的科技资源集聚中心和科技服

务创新平台。

第三节　新旧动能转换下烟台创新型城市建设措施

一、加快产业技术创新，为创新型城市建设夯实发展基础

烟台市坚持把产业技术创新作为创新型城市建设的主攻方向，大力发展高新技术产业，改造提升传统产业，优先发展战略性新兴产业，突破发展现代服务业，重点培育创新型产业集群，支撑引领全市供给侧结构性改革和产业转型升级。

（一）高新技术产业蓬勃发展

全市规模以上高新技术产业产值从 2011 年的 4709 亿元发展到 2015 年的 6432 亿元，年均增速 36.5%，占规模以上工业产值的比重由 2011 年的 38.69% 提高到 2015 年的 41.11%，高出山东省 8.6 个百分点，产值和比重均居山东省第二位。

截至 2017 年 6 月全市已经形成了电子信息、新材料、先进制造、生物医药技术为主导的高新技术产业发展格局，其产值占到全市高新技术产业总产值的 90%，其中高新技术企业总数达到 301 家，经认定的科技型中小企业达 560 家。销售收入过百亿元的高新技术企业 3 家、过十亿元的 18 家、过亿元的 105 家[1]。

---

[1] 李仁.产业创新，激活"一池春水"[N].烟台日报,2017-06-02.

（二）产业转型升级成效显著

市政府出台了《关于加大政策支持推动经济转型升级的意见》《创新型产业集群建设与发展规划（2016—2020年）》等政策文件，以稳增长、调结构、增效益为主线，加快推进产业转型升级和创新型产业集群培育。

深入实施"双百千"工程。按照《国民行业经济分类》，工业共分41个大类和201个中类，烟台工业分布在37个大类及其中的185个中类。其中包括有色金属矿采选业、有色金属冶炼和压延加工业、农副食品加工业、计算机、通信和其他电子设备制造业5个收入过千亿级行业和18个百亿级行业，约101种（类）工业产品产值10亿元，其中33种（类）工业产品产值超过100亿元。

近年来，烟台培育形成了一批行业影响力强、市场占有率高、技术水平领先的"冠军产品"。全市95种产品排名行业前五，其中国内行业排名第一位的产品有57种。烟台成为全省唯一入围全国消费品工业"三品"战略示范试点的城市，以地级城市第一名的成绩被工信部列为全国工业稳增长和转型升级成效明显市报国务院表彰。2017年1月，烟台市被山东省唯一推荐申报国家工业转型升级成效明显市（州）。

烟台农业科技进步成效显著，蓬莱、栖霞进入国家农业科技园区行列。农业植物新品种权达212个，数量占全省的70%以上，居全省第一位。农作物良种覆盖率达98%以上，水果良种率达到100%，农业科技进步贡献率达到62.8%。烟富系列苹果成为全国主栽品种，烟农系列小麦先后2次刷新全国冬小麦单产最高纪录。登海玉米新品种先后8次刷新全国玉米高产纪录，3次打破世界高产纪录。

（三）战略性新兴产业不断壮大

烟台市政府出台了《烟台市战略性新兴产业发展规划》《关于实施"8515工程"培强做大企业发展新兴产业的意见》《烟台市工业领域战略性新兴产业

重点指导目录》等政策，提升重点领域技术优势，加快推进重点项目，延伸产业链条，促进集聚集约发展。

2015年，以新能源与节能环保、新材料、生物、高端装备制造和新一代信息技术为代表的战略性新兴产业飞速发展，其中新材料产业完成工业总产值966.6亿元，同比增长12.7%。高端装备制造业完成工业总产值271.9亿元，同比增长4.2%。中集来福士深水半潜式平台在国际市场的占有率近30%。新一代信息技术产业2015年完成工业总产值1491.5亿元，同比增长18%。

富士康烟台园区推进智能化生产，完成生产制造转型，实现从订单管理、生产物流管理、仓储管理的流程化智能制造。生物制药产业2015年完成工业总产值215.4亿元，同比增长17%。依托山东国际生物科技园、开发区生物医药产业园、东诚生物医药园等园区，形成了较好的集聚效应。

新能源与节能环保产业2015年完成工业总产值508.4亿元，全市新能源装机容量达到200万千瓦，占全省新能源装机容量的18.2%，位居全省第一。新能源汽车产业发展取得新进展，2015年完成工业总产值7.7亿元，同比增长45.2%；舒驰客车公司的9款纯电动客车和海德汽车公司的7款纯电动专用车型列入《节能与新能源汽车示范推广应用工程推荐车型目录》。

（四）现代服务业突破发展

"十二五"期间，烟台市政府成立了服务业工作领导小组，将服务业细分为20个子行业，分别出台规划、发展意见和政策措施，先后出台了《关于加快推动服务业提升发展的意见》及金融、旅游等6个政策性文件，商务服务业等5个重点行业发展规划，现代物流业等17个重点行业发展意见，服务业等9个对外开放意见。大力实施服务业载体培育"3221工程"，每年在全市范围内重点培育30个重点集聚区、20个特色街区，加快推进200个重点项目建设，支持100户重点企业做大做强。

烟台市服务业呈现快速增长态势。服务业增加值由2010年的1457.5亿元增加到 2015 年的 2681.8 亿元，年均增长 10.7%。服务业占生产总值的比重由 2010 年的 33.4% 提高到 2015 年的 41.6%，年均提高 1.64 个百分点。服务业投资总量不断增长，服务业投资从 2010 年的 1464.93 亿元增加到 2015 年的 2793.5 亿元，总量增长了近一倍；占全部投资比重由 2010 年的 54.1% 提高到 2015 年的 59.9%，年均提高 1.2 个百分点。

二、激发人才创新活力，为创新型城市建设提供智力支撑

烟台市坚持把培育创新人才作为创新型城市建设的关键举措，大力实施人才优先发展战略，聚焦产业转型升级，坚持引育用留并重，优化人才发展环境，不断激发大众创新创业活力。

（一）人才发展体制机制不断优化

烟台市出台了《关于深化人才发展体制机制改革的实施意见》《关于深化拓展高端人才（团队）引进"双百计划"的实施意见》等文件，进一步激发社会力量引才育才积极性，不断提升全市人才工作市场化水平，加快构建政府引导、市场主导、社会力量充分参与的人才工作格局。对引进的高端创新人才、创业人才分别最高给予 600 万元和 300 万元资金扶持，力度更大、服务更优，人才发展制度优势得到进一步凸显。

（二）人才队伍规模持续扩大

烟台市大力实施高端人才（团队）"双百计划"，累计引进各类高端创新创业人才 166 名，共承担国家 863 计划、973 计划等各级重大科研课题 360 多项，发表学术论文 260 多篇，申请国内外专利 240 多项，获得市级以上荣誉称号和科技奖励 120 多项，成为引领全市产业转型升级的领军力量，此项工作荣获全

省组织工作创新奖。创新人才招引方式，紧紧瞄准海内外高层次人才，赴美、加、德、英、法、韩等国开展推介招聘活动，共举办专场推介招聘会13场，签订各类意向协议440多项，形成了广泛招才引智的持续效应。

截至2016年年底，全市共有各类人才170万人，其中高层次人才7万人。拥有驻烟台院士3人，柔性引进院士58人；"千人计划"专家92人，"万人计划"专家9人，国务院政府特殊津贴专家199人；拥有省有突出贡献的中青年专家42名、齐鲁首席技师86名。2016年新入选科技部创新人才推进计划专家9人，居全省第一，占全省新增数量的39.1%，总数达到15人；新增泰山产业领军人才17人，占全省入选数量的9.4%，泰山学者和泰山产业领军人才总数达到120人。

（三）人才发展承载能力不断提升

烟台市积极推进高层次人才创业园建设，在人才基础较好的高新区、莱山区、福山区、开发区设立4个分园，总面积22万平方米。努力培育智力集聚、创新活跃的市场主体，打造人才、技术、项目一体化引进的示范园区。2016年开展了高层次人才创业项目征集大赛，近60个获奖项目入园孵化。

与国家"千人计划"专家联谊会合作共建全国第二家"千人计划（烟台）创业服务中心"，统筹利用国家"千人计划"联谊会平台优势、专家资源、海外高层次人才储备，推动烟台成为国内领先的"千人计划"专家等高层次人才创业创新聚集地。搭建利用市场化机制招才引智的高层次平台，大力建设烟台人力资源服务产业园，成为国内8家国家级人力资源服务产业园区之一，入驻知名人力资源服务机构38家。

三、推进发展模式创新，为创新型城市建设营造开放环境

烟台市坚持把发展模式创新作为创新型城市建设的重要支撑，发挥优势、

突出特色，推动海陆统筹发展、城乡一体发展，提升开放水平、创新商业模式，为建设创新型城市营造开放环境。

（一）海陆统筹发展

以建设国家海洋高技术产业基地试点市、全国海洋经济创新发展示范城市为契机，结合烟台实际，科学布局产业，大力发展海洋养殖业、海洋生物医药、海工装备制造业、滨海旅游业、海洋运输业等蓝色经济，形成海陆联动发展的新格局。

烟台被列为"一带一路"15个重点打造的支点城市，中韩（烟台）产业园被确定为中韩两国共建产业园区。2015年全市海洋产业实现增加值1340亿元，占GDP比重达到20.8%，分别比山东省、全国高3.3个和11.4个百分点，海洋三次产业结构优化到10.3∶48.4∶41.3。

（二）城乡一体发展

烟台市在全国率先推行"功能区带动型城乡一体"发展模式，开创了具有胶东特色的新型城镇化发展道路，城镇化率从2010年的55.27%提高到2015年的60.35%，年均增长近1.02个百分点。中心城市建成区面积由265平方千米扩展到316平方千米，排在全省第三位，初步形成1小时通勤圈。社会民生持续改善，在全省率先推行"三房合一、租补分离"住房保障机制，中心城区基本实现"应保尽保"。

（三）开放水平持续提升

烟台市开放带动效应持续扩大，"产业、市场、企业、园区和城市"五个国际化进程加快，与"一带一路"沿线国家和地区全部建立经贸往来关系，累计实际使用外资 87.6 亿美元，引进世界 500 强企业 99 家[①]。

加快科技兴贸出口创新基地建设，烟台市共获批省级科技兴贸出口创新基地 10 个，占全省总量近 1/5，居全省第一位。2016 年，全市高新技术产品进出口 972.3 亿元，占全市进出口的 33.5%，占全省同类产品的 50%，继续保持全省第一。持续引进国际先进技术和关键设备，2016 年，烟台市技术贸易实现进出口 10 389.1 万美元，增长 2%，其中技术进口 2519.6 万美元。

鼓励企业在境外设立研发中心，截至 2016 年年底，烟台市企业在境外设立研发性质企业 19 家，中方协议投资额 8.6 亿美元。推进省级园区晋级，烟台高新区升级为国家高新技术产业开发区；招远经济开发区晋升为国家级经济技术开发区；2016 年，烟台高新区获批为山东半岛国家自主创新示范区。

（四）商业模式创新步伐加快

在全省率先出台《关于大力开展商业模式创新的意见》和考核办法，烟台农产品流通公共服务平台正式上线，栖霞果品拍卖中心开业运行。在全省率先建成市级生活必需品应急保供系统。

烟台市获批国家创建电子商务示范城市和跨境电子商务示范城市，莱阳、招远、栖霞等 3 个县市区成为省级电子商务示范县，烟台电子商务产业园获批国家级电子商务示范园区。淘宝网、京东商城、苏宁易购特色烟台馆上线运行，烟台大樱桃成为与茂名荔枝、赣南脐橙、阳澄湖大闸蟹齐名的"互联网生鲜四大品牌"。2016 年，全市电子商务交易额达到 2775.8 亿元。

四、促进投入机制创新，为建设创新型城市强化资金保障

烟台市坚持把创新投入作为创新型城市建设的重要保障，加大研发投入，完善投融资机制，改善金融服务模式，为各类创新活动提供有效保障。

---

① 侯召溪.张永霞所做政府工作报告[N].烟台日报，2017-03-21.

（一）研发投入不断加大

烟台市每年按高于财政经常性收入增长幅度增长安排科学技术支出，"十二五"期间，全市用于科学技术方面的财政性支出累计达到75.95亿元，年均增长11.9%。

在财政科技资金引导下，烟台市全社会研发投入由2010年的85.7亿元增长到2015年的163.8亿元，年均增长13.8%。全社会R&D经费支出占地区GDP比重由2010年的1.97%提高到2015年的2.54%，年均增长0.114个百分点，企业研发投入占全部研发投入的比重持续保持在95%以上。

（二）投融资机制不断完善

烟台市建设区域性基金管理中心，制定出台《关于加快推进山东省区域性基金管理中心建设的实施意见》，加大各类基金的培育引进力度。成立"天使投资引导基金"和"成果转化引导基金"，设立"科技信贷风险补偿专项资金"，综合运用"投""补"等方式，切实解决科技型中小企业融资难、融资贵问题，加快科技成果转移转化。

截至2016年，全市各类基金及管理机构总数达到208家，基金总规模达到926.34亿元。其中，各级财政出资59亿元，参股天使投资和成果转化等各类基金39支，基金规模392.59亿元，撬动社会资本比例接近1∶7，财政资金的杠杆效应得到有效发挥。

多层次资本市场健康发展。扎实推进高新技术企业规范化公司制改制"五年行动计划"，截至2016年，全市共完成改制高新技术企业206家，占全市高企总数的68%，改制企业均具备对接多层次资本市场条件。截至2016年，全市境内外上市公司总数达到42家，居全省首位。上市公司累计融资987.36亿元，居全省第二位。全面启动"新三板"挂牌工作，挂牌科技型企业累计达到74家，融资6.42亿元。区域股权交易中心挂牌企业达到126家，累计实现融资2.85亿元。

（三）金融服务模式不断创新

烟台海洋产权交易中心成为国内首家省级海洋产权交易平台，为各类企业和民间资本提供多样化的投融资服务。烟台联合产权交易中心与齐鲁股权交易中心共同设立齐鲁股权交易中心烟台运营中心。

进一步健全完善全市政银企联席会议制度，推动银行机构结合行业特点与企业进行"面对面、点对点"交流对接。引导金融机构创新金融产品，积极推动金融机构创新对科技和小微企业的金融服务，创新推出"税融贷"和"科信贷"等业务。保险公司参与烟台市知识产权质押贷款市场化运营，推出政采贷等新型保险产品，全市累计知识产权抵押融资达到3.1亿元。在全省率先开展海域使用权抵押贷款等金融业务品种创新，累计抵押海域使用权面积达到3万公顷（1公顷=0.01平方千米），抵押贷款金额30多亿元。

五、强化城市功能创新，为创新型城市建设打造良好环境

烟台市坚持把提升城市功能创新作为创新型城市建设的活力源泉，进一步完善城市功能，打造宜居宜业宜游的生活环境，提升城市居民的生活质量和幸福指数。

（一）低碳城市建设扎实推进

烟台市政府出台了《大力推进绿色建筑行动实施意见》等政策文件，推进低碳城市建设。全市共有30个、400万平方米项目取得绿色星级标识；完成供热计量与既有建筑节能改造500万平方米，惠及群众8万余户。成功创建全国可再生能源建筑应用示范市、县和集中连片区，烟台市成为全国仅有的两个实现国家级可再生能源建筑应用示范全域覆盖的地级市之一，累计建设可再生能源建筑1900万平方米、太阳能光热应用1000万平方米，居全省首位。

烟台高新区获批全国首批中德低碳生态试点示范城市，成为省内唯一、全国 5 个试点城市之一。烟台成功获批 2 个省级绿色生态示范区、全省首批建筑产业现代化试点城市、5 个省级生产基地、2 个省级试点项目，成为全省拥有省级示范最多的地级市。

（二）智慧城市建设进程加快

烟台市进一步加快建设智慧城市。编制并实施了《烟台市智慧城市建设规划》，在电子政务、交通旅游、科教文卫、城市建设、节能环保、公共安全、产业融合等国民经济和社会各个领域信息化建设取得了显著成效，先后被评为"中国信息化 50 强城市""智慧城市试点城市"和山东省两化融合试点城市。

大力实施升级宽带提速工程。截至 2016 年年底，全市骨干高速城域网总长度达 357.9 万纤芯千米，高速互联网出口达 1698G；全面完成光网城市建设，光纤网络实现城区全覆盖，为实施"互联网+"战略打下坚实基础。烟台市被列为全省首批城市一卡通建设的两个试点城市之一，截至 2016 年年底，烟台市民卡已累计发放实名制卡片近 65 万张，日均交易笔数 26 万人次。

进一步推进两化融合贯标工作。烟台市纳入国家两化融合贯标试点企业达到 17 户，纳入省级两化融合贯标试点企业达到 23 户，居全省第一位。万华化学工业园、玲珑橡胶工业园、恒通物流园、杰瑞工业园四个园区列入省智慧园区试点。2016 年度，烟台市两化融合水平总指数位居山东省首位。

（三）生态宜居环境不断优化

烟台市践行绿色发展理念，围绕打造"生态城市、美丽烟台"，健全完善环保工作推进机制，组建了环保工作推进委员会，相继制定"河长"制、水和空气环境生态补偿机制、环境保护约谈暂行办法、环保重点工作责任追究制等一系列制度，构建了上下联动、齐抓共管的环保大格局。

2016年，市区环境空气质量优良天数为314天，同比增加10天，优良率为85.8%。积极开展生态创建工作，全市获命名的国家级、省级生态乡镇数量分别达到32个、50个，1000多个村庄开展了生态村创建活动。蓬莱市、福山区分别通过国家级、省级生态市验收。全市建立各级自然保护区23个，其中，国家级2个，省级18个，市级3个，约占全市国土面积的10.6%。森林覆盖率稳定在40%以上。

第四节　新旧动能转换下烟台创新型城市发展建议

一、烟台创新型城市建设总体评价

综合而言，烟台全面完成了创新型城市建设的试点任务，具备进入国家创新型城市行列的资质和条件。

其一，烟台市创新要素集聚能力明显提升。每万人就业人员中研发人员达62.66人年，全社会R&D经费支出占地区GDP比重达到2.54%。其二，综合实力和产业竞争力显著增强。科技进步贡献率达到63%，高新技术产业产值占规模以上工业总产值比重达到41.11%。其三，创新创业环境不断改善。新增注册企业数达54.55家/万人，省级以上科技创新平台数量达到329家。其四，创新支撑社会民生发展作用显著。空气质量达到及好于二级的天数达到314天，GDP能耗为0.33吨标准煤/万元。其五，创新政策体系和治理架构逐步完善。科技公共财政支出占公共财政支出的比重达到2.9%，成立了烟台市创新驱动推进委员会，出台了《烟台市加快实施创新驱动发展战略行动计划（2016—2020年）》。

二、烟台创新型城市建设的组织保障

在创新型城市建设的进程中，烟台市实施精准有力的保障措施，为进一步推动烟台市高质量发展提供了强有力的组织保障。

第一，加强组织领导。出台了《关于加快建设国家创新型城市的意见》《烟台市加快实施创新驱动发展战略行动计划》，成立由市政府主要领导任组长、各区政府（管委）和市政府有关部门主要负责人为成员的创新型城市建设工作领导小组，以及烟台市创新驱动推进委员会，办公室设在市科技局，负责创新型城市建设的总体指导、综合协调和督导检查。

第二，深化体制机制改革。一是"放管服"改革纵深推进。市委全面深化改革领导小组先后召开25次会议，市级层面出台改革文件260多份，11次取消下放市级行政权力事项345项，推进政府机构、事业单位、国企、农村以及财政、教育、科技、文化、价格、医疗卫生等领域的改革，累计争取国家和省级改革试点164项。二是简政放权持续推进。行政审批办理时限压缩50%以上，行政权力事项精简压缩48.7%[①]。三是进一步推进商事制度改革。实施企业"先照后证""五证合一、一照一码"等登记制度改革，市场主体发展迅速。2016年全市实有市场主体71.6万户，同比增长27.3%。四是落实税收优惠政策。2015年减免高新技术企业所得税6.34亿元，减免企业加计扣除所得税2.91亿元。

第三，完善创新政策。按照国家创新型城市总体方案要求，市委、市政府出台创新型城市规划、创新驱动发展战略行动计划、提升企业自主创新能力、

---

① 高少帅.改革开放活力迸发[N].烟台日报,2017-03-13.

深化人才发展体制机制改革、工业行业转型发展、战略性新兴产业、智慧城市建设、科技创新"六个十"工程等60余项政策文件。

第四，突出规划引领。按照国家创新型城市总体方案要求，结合烟台实际，围绕体制机制、产业、科技、人才、金融及城市管理等方面创新，市政府聘请行业专家学者为国家创新型城市建设工作提供咨询意见，并广泛征求全社会意见和建议，编制了《烟台国家创新型城市总体规划（2011—2015）》《烟台市"十二五"科学和技术发展规划纲要》，并向各有关部门和单位细化了职责分工和任务目标，分阶段、有步骤推进创新型城市建设各项工作。细化职责分工，出台了《关于加快建设国家创新型城市的意见》（烟政发〔2010〕45号），向有关部门、县市区细化了职责分工和目标任务。

第五，营造创新文化氛围。市委、市政府出台了《烟台市全民科学素质行动计划纲要实施方案（2011—2015）》，加大对各级领导干部创新思维、创新理念、创新方法等知识的培训力度，不断增强推进创新型城市建设工作能力。进一步加强资金保障，围绕创新型城市建设，在科技创新、产业转型升级、公共服务平台、人才激励等方面，累计设立19个专项，资金总额7.27亿元。

第六，建立考核监督体系。市委、市政府围绕创新型城市建设和创新驱动战略实施，出台了《烟台国家创新型城市总体规划（2011—2015）》《烟台市加快实施创新驱动发展战略行动计划(2016—2020年)》等145个相关政策文件。出台了《"三考核两上榜"论功授奖办法实施细则》，明确了监督考核指标，每年适时开展监督考核工作。

三、烟台创新型城市高质量发展建议

烟台市创新型城市试点建设虽然取得了长足的进步，但与先进城市相比，也存在一定差距。主要问题表现在：烟台市企业虽已成为研发投入、技术创新、成果转化的主体，但高校院所数量偏少，工科专业占比较低，工程技术人才本地培养能力有限；科技服务体系有待完善，市场化、专业化中介服务机构和科技服务人员比较短缺，技术转移转化和科技金融服务能力相对薄弱。

为进一步推动烟台市创新型城市高质量发展，对烟台市提出如下发展建议。

第一，应进一步加强对创新型城市试点工作的评价和激励，在完善考核机制的基础上，对试点工作开展较好的城市从政策、资金、项目上给予重点支持。强化监督考核，制定创新型城市指标评价体系和统计分析方法，对创新型城市建设工作进行动态监测、跟踪督查和考核，将创新型城市重要考核指标纳入全市目标管理考核体系。

第二，建立创新型城市建设例会制度，定期召开领导小组或市委、市政府专题会议，专题研究规划编制、创新体系、产业政策、人才激励等重点工作。加强试点城市之间的交流和合作，定期组织研讨交流会，加大对先进试点城市典型经验的宣传与推广，带动更多试点城市进入创新型城市行列。明确各级各部门、各单位在建设创新型城市中的责任分工，形成一级抓一级、层层抓落实的推进机制，确保创新型城市建设工作高效有序推进。

第三，统筹推进创新能力提升工程、创新主体提升工程、创新载体提升工程、创新人才提升工程和创新服务提升工程[1]，增强城市核心竞争力。深化科技体制改革，推进科技成果使用处置和收益管理、科研院所法人治理结构、科技计划、科技奖励等方面改革，调动科研人员创新创业积极性，加快科技成果转化。以政策创新推动制度创新，以制度创新促进科技创新，增强科技创新在供给侧结构性改革中的支撑和引领作用，推动管理创新、文化创新、模式创新，激发全社会创新潜能，为全市全面建成创新型城市提供强大助力。

第四，加强科普文化建设，着力提升未成年人、农民、城镇劳动者、领导干部和公务员、社区居民等五大人群的科学素质。加大科技创新宣传力度，加

---

[1] 祝群，梁添勇，陈艳声，等.科技创新推动龙岩市经济转型的对策研究[J].龙岩学院学报，2020（1）：109-107.

强舆论引导，充分发挥各类媒体的作用，开展科学知识、技能和方法的宣传，在全社会营造崇尚科技、发展科技、运用科技的氛围。举办多种类型、不同层面的创新创业大赛，广泛发动，吸引高校院所、企事业单位、大中专毕业生积极参与，加快成果孵化，激发科技型中小微企业大量涌现，在全社会营造鼓励创新、宽容失败的文化氛围。

第五章

创新型城市发展评价

第一节　典型城市创新水平评价分析

对一个城市的创新能力进行评价时，需要正确选择评价对象，正确把握城市创新活动的发展方向。因为创新型城市的建设活动具有较强的可比性与系统性，可将我国重点城市作为研究对象，随机从中抽取多个城市，对其创新型城市的建设水平进行综合型评价。在城市的选择过程中，应确保这些城市或者在开展创新型城市建设活动之前属于传统科技研发区，或者是近年来的新兴创新型城市，通过对这些典型性城市发展水平的综合评价，反映我国创新型城市的发展情况。

本节将根据《2018 中国创新城市评价报告》的评价结果[1]，分析全国及典型创新型城市的创新能力与水平。其中，共选取了 20 个创新型城市进行评价，这些城市的共同特征是：均为经济较为发达的大城市、区域科学研究与技术创新的中心城市，或改革开放以来异军突起的新型创新城市。

一、全国创新状况评价

其一，全国创新经费投入再创新高。2018 年，全国共投入研究与试验发展经费 15 676.8 亿元，较上年增长 1.7 个百分点。其中，全国基础研究经费 822.9 亿元，应用研究经费 1610.5 亿元，试验发展经费 13 243.4 亿元，各类企业经费支出 12 144 亿元，分别比上年增长 14.9%、5.4%、11.1% 和 11.6%。国家财

---

[1] 中国创新城市评价课题组.2018 中国创新城市评价报告[R].2018，12.

政科学技术经费支出 7760.7 亿元，比上年增长 10.8%。

其二，创新活动保持大幅增长。专利战略的实施促进了专利活动规模的持续扩大，全国专利申请量、授权量和拥有量分别达到 346.5 万件、175.4 万件、628.5 万件，分别比上年增长 23.8%、2.1% 和 14.7%。商标有效注册量、全国重大科技成果登记数量、全国技术合同成交金额等项目分别比上年增长 21.1%、6.3% 和 16.0%。

其三，创新条件改善明显。全国创新人力资源不断增加，企业 R&D 人员达到 270.2 万人年，全国大专院校在校学生数达到 2695.8 万人。全国创新环境不断改善，国际互联网上网用户数、国家备案众创空间数、国家级科技企业孵化器数量分别达到 3.0 亿户、1303 个、859 个，分别比上年增长 14.5%、858.09% 和 17.19%。

其四，创新影响稳步提升。就业人数不断提高，知识密集型服务业就业人数达到 1937.2 万人，比上年增长 5.2%；创新产出不断提升，信息传输、软件和信息技术服务业增加值达到 2.4 万亿元，同比增长 16.3%；发展质量不断改善，全社会劳动生产率达到 8.0 万元/人，比上年提高了 0.5 万元/人。

二、典型城市创新状况评价

（一）总体创新水平评价

2018 年创新水平最高的四个城市为北京、深圳、上海、南京，其城市创新总指数分别为 81.14%、77.83%、70.01%、66.28%，均高于参评城市创新总指数平均水平（63.26%）。与上年同期相比，上述城市的创新总指数均有所提升，分别提升 2.72%、5.26%、5.39% 和 4.99%。如图 5-1 所示

第五章 创新型城市发展评价

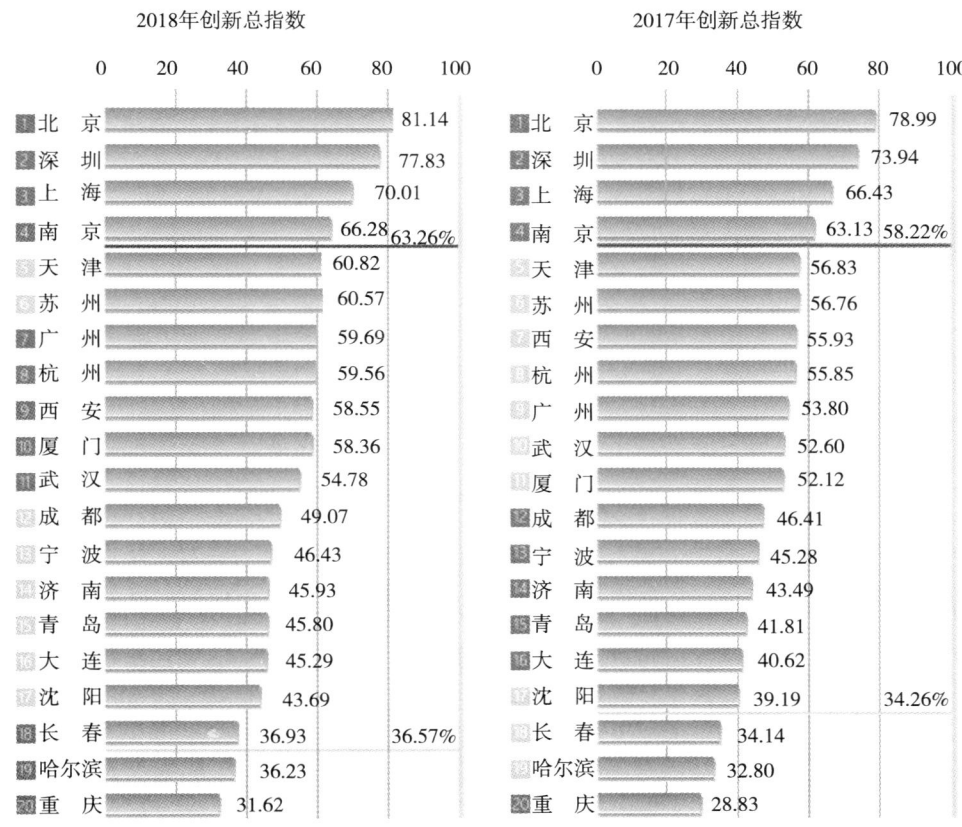

图 5-1 2018 年、2017 年中国城市创新总指数

创新水平较高的城市有天津、苏州、广州、杭州、西安、厦门、武汉，其城市创新总指数分别为 60.82%、60.57%、59.69%、59.56%、58.55%、58.36%、54.78%，均高于 50% 的总指数值。与上年同期相比，上述城市的创新总指数均有所提升，分别提升 7.02%、6.71%、10.95%、7.20%、4.68%、12.36% 和 4.14%。其中，广州、厦门提升幅度最高，增幅均超过 10%。

创新水平中等的城市有成都、宁波、济南、青岛、大连、沈阳、长春，其城市创新总指数分别为 49.07%、46.43%、45.93%、45.80%、45.29%、43.69%、36.93%，均高于全国创新总指数平均水平（36.57%）。与上年同期相比，上述城市的创新总指数均有所提升，分别提升 5.73%、2.54%、5.61%、9.54%、

11.35%、11.48%和8.17%。其中，大连、沈阳提升幅度最高，增幅均超过11%。

创新水平一般的城市有哈尔滨、重庆，其城市创新总指数分别为36.23%、31.62%，均低于全国创新总指数平均水平。与上年同期相比，上述城市的创新总指数也有所提升，分别提升10.46%和9.68%。哈尔滨的创新总指数提升幅度较高，增幅超过10%。

可以看出，在创新资源方面，北京、深圳和上海是最好的，创新的表现也是最为突出的[①]。北京地区是我国政治文化的重要发展中心，而上海是我国金融贸易的重要活动中心，这两个城市无论是在资金投入上，还是在创新活动的开展上，均对我国经济的整体发展具有较高的影响。深圳位于我国南部沿海地区，是我国对外开放的重要窗口，居民具有极强的创新意识，创新氛围浓厚。深圳拥有众多知名企业，无论是以电子产业为代表的中兴、华为，还是以互联网技术为代表的腾讯，均坐落在这里，在我国知识输出上位居第一位。从知识到创新产品的开发活动，能够有效提升知识产业在我国市场发展中的经济效益，在知识输出活动的带动下，深圳、南京地区在我国创新型城市的建设工作中名列前茅，在政府部门的大力支持下，这些地区的经济环境以及制度环境不断得到改善，整体创新环境呈现一种良好局面。

我国创新型城市发展中，广州是华南地区的重要产业基地，拥有丰富的创新资源以及良好的创新环境，在我国创新型城市发展评价中属于创新水平较高的城市；天津、苏州、杭州、西安、厦门和武汉地区也位列其中。这些地区不仅拥有良好的创新环境，同时拥有良好的创新绩效，呈现出一种均衡发展局面，为今后的发展奠定了良好的创新基础，蕴含巨大的创新潜力。

（二）创新条件评价

2018年创新条件排在前10位的城市为南京、北京、广州、杭州、上海、天津、

---

① 中国创新城市评价课题组.2018中国创新城市评价报告[R].2018，12.

武汉、厦门、深圳、济南，其城市创新条件指数分别为 86.54%、83.73%、74.97%、67.78%、65.38%、64.76%、64.17%、61.68%、61.52%、60.60%，均高于参评城市创新条件指数平均水平（59.54%）。与上年同期相比，武汉市创新条件指数略微下降，降低 3.11%；南京、北京、广州、杭州、上海、天津、厦门、深圳、济南市的创新条件指数均有所提升，分别提升 11.59%、6.54%、7.96%、6.59%、7.00%、7.20%、12.27%、14.18% 和 10.42%。其中，南京、厦门、深圳、济南市提升幅度较高，增幅均超过 10%。如图 5-2 所示。

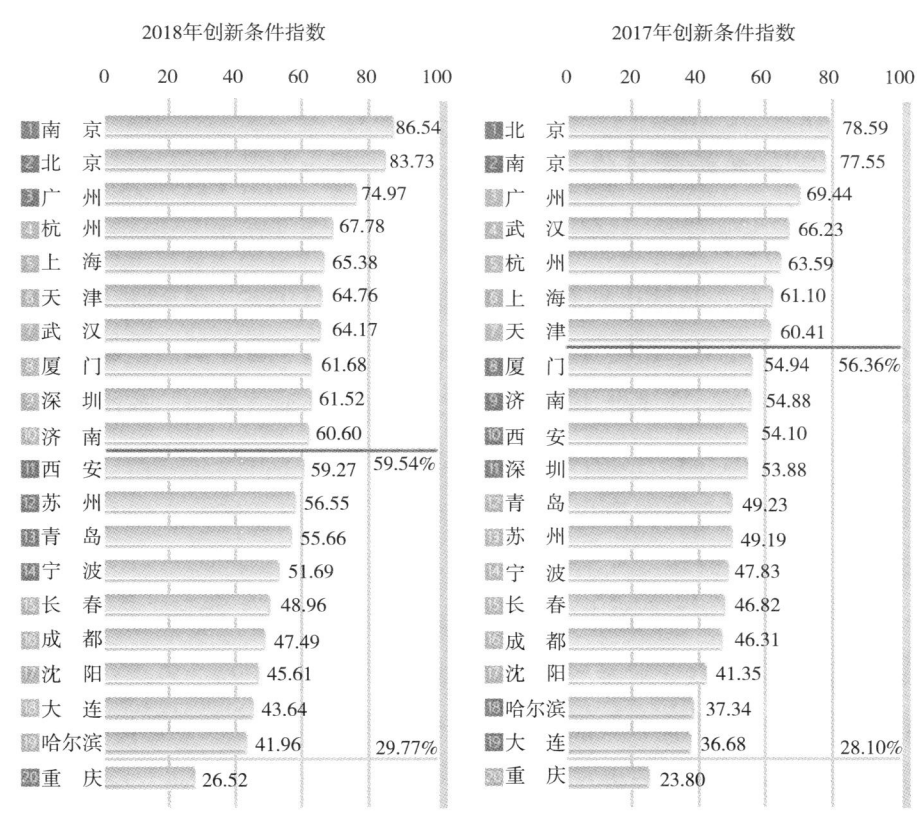

图 5-2　2018 年、2017 年中国城市创新条件指数[①]

创新条件中等的城市有西安、苏州、青岛、宁波、长春、成都、沈阳、大

---

① 中国创新城市评价课题组 . 2018 中国创新城市评价报告 [R].2018，12.

连、哈尔滨，其城市创新条件指数分别为 59.27%、56.55%、55.66%、51.69%、48.96%、47.49%、45.61%、43.64%、41.96%，均高于全国创新条件指数平均水平（29.77%）。与上年同期相比，上述城市的创新条件指数均有所提升，分别提升 9.56%、14.35%、13.06%、8.07%、4.57%、2.55%、10.30%、18.97% 和 12.37%。其中，苏州、青岛、沈阳、大连、哈尔滨市提升幅度较高，增幅均超过 10%。

创新条件一般的城市有重庆，其城市创新条件指数为 26.52%，低于全国创新条件指数平均水平。与上年同期相比，重庆市创新条件指数也有所提升，提升幅度为 11.43%。

（三）创新投资评价

2018 年创新投资水平突出的城市有深圳、上海、杭州、西安、厦门、苏州、北京、南京，其城市创新投资指数分别为 84.02%、70.96%、69.67%、68.44%、68.12%、67.78%、66.41%、61.42%，均高于参评城市创新投资指数平均水平（60.67%）。与上年同期相比，深圳、上海、厦门、苏州、南京的创新投资指数均有所提升，分别提升 2.02%、6.21%、6.09%、1.53% 和 0.16%；杭州、西安、北京的创新投资指数均有所下降，分别降低 3.26%、2.10% 和 2.34%。如图 5-3 所示。

创新投资水平中等的城市有宁波、广州、天津、青岛、济南、武汉、沈阳，其城市创新投资指数分别为 59.70%、59.22%、58.16%、52.79%、50.25%、47.39%、42.16%，均高于全国创新投资指数平均水平（41.95%）。与上年同期相比，广州、沈阳的创新投资指数均有所提升，分别提升 10.12% 和 24.84%；宁波、天津、青岛、济南、武汉市的创新投资指数有所下降，分别降低 0.60%、5.57%、2.33%、6.34% 和 18.60%。

创新投资水平一般的城市有成都、大连、哈尔滨、长春、重庆，其城市创新投资指数分别为 36.82%、36.10%、36.02%、35.28%、34.66%，低于全国创新投资指数平均水平。与上年同期相比，大连、哈尔滨、重庆市的创新投资指数均有所提升，提升幅度分别为 10.36%、2.21% 和 4.71%；成都、长春市的创新投资指数有所下降，分别降低 1.02% 和 2.00%。

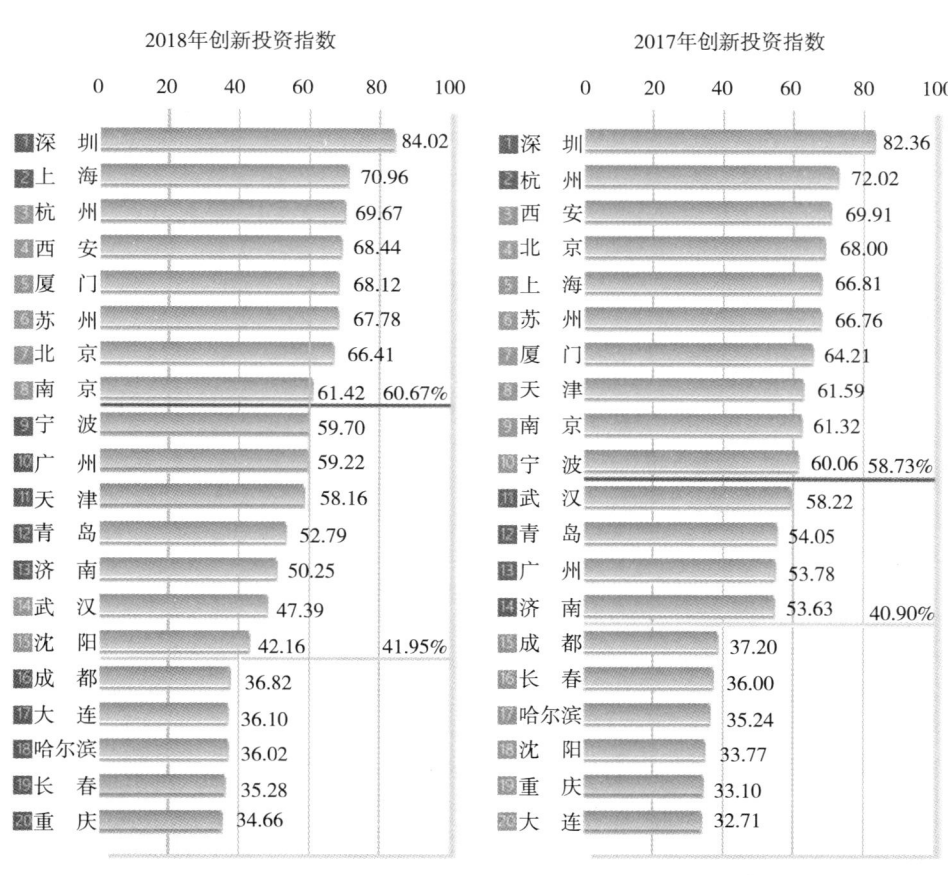

图 5-3　2018 年、2017 年中国城市创新投资指数[①]

---

① 中国创新城市评价课题组.2018 中国创新城市评价报告 [R].2018，12.

（四）创新活动评价

2018 年创新活动水平突出的城市有北京、深圳两个城市，其城市创新活动指数分别为 87.71%、86.50%，均远远高于参评城市创新活动指数平均水平（63.34%）。与上年同期相比，上述城市的创新活动指数均有所提升，分别提升 4.01% 和 14.81%。如图 5-4 所示。

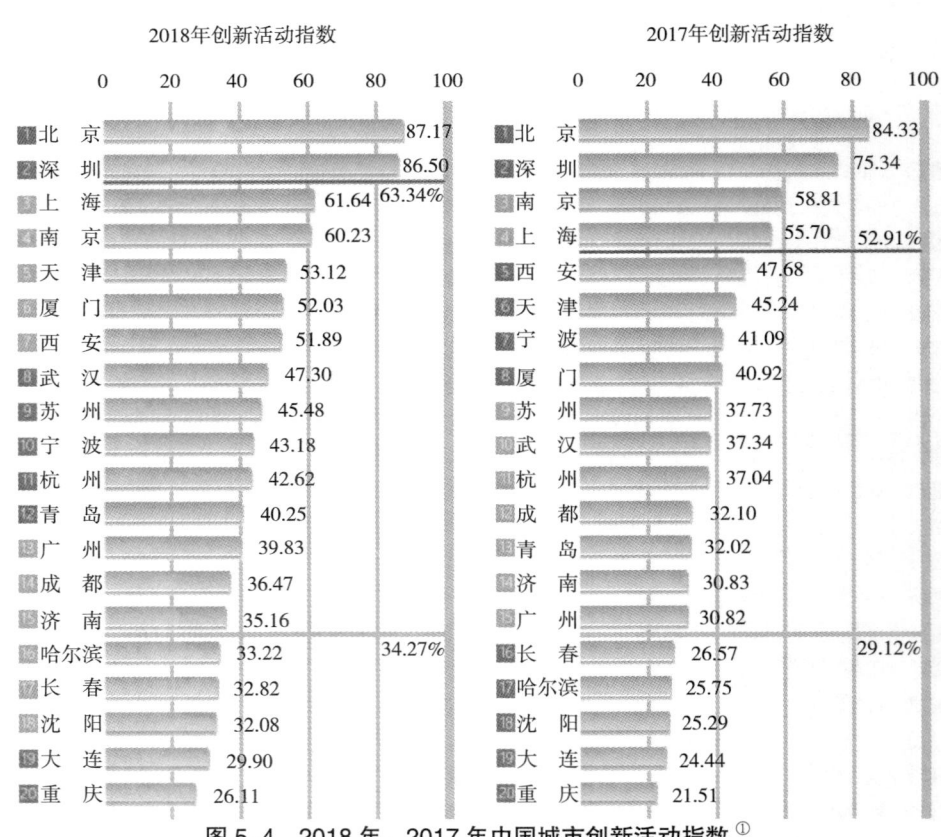

图 5-4　2018 年、2017 年中国城市创新活动指数[①]

创新活动中等的城市有上海、南京、天津、厦门、西安、武汉、苏州、宁波、杭州、青岛、广州、成都、济南，其城市创新活动指数分别为 61.64%、60.23%、53.12%、52.03%、51.89%、47.30%、45.48%、43.18%、42.62%、

---

① 中国创新城市评价课题组.2018 中国创新城市评价报告 [R].2018，12.

40.25%、39.83%、36.47%、35.16%，均高于全国创新活动指数平均水平（34.27%）。与上年同期相比，上述城市的创新活动指数均有所提升，分别提升10.66%、2.41%、17.42%、27.15%、8.83%、26.67%、20.54%、5.09%、15.06%、25.70%、29.23%、13.61%和14.04%。其中，上海、天津、厦门、武汉、苏州、杭州、青岛、广州、成都、济南市提升幅度较高，增幅均超过10%；广州市提升幅度达到29.23%。

创新活动一般的城市有哈尔滨、长春、沈阳、大连、重庆，其城市创新活动指数分别为33.22%、32.82%、32.08%、29.90%、26.11%，低于全国创新活动指数平均水平。与上年同期相比，上述城市的创新活动指数均有所提升，分别提升29.01%、23.52%、26.85%、22.34%和21.39%，提升幅度均超过21%。

（五）创新影响评价

2018年创新影响水平突出的城市有北京、上海、深圳、苏州、广州五个城市，其城市创新影响指数分别为80.34%、79.43%、77.06%、72.72%、68.17%，均高于参评城市创新影响指数平均水平（66.42%）。与上年同期相比，北京、上海、广州市的创新影响指数均有所提升，分别提升1.25%、1.17%和5.58%；深圳、苏州市的创新影响指数均有所下降，分别降低4.38%和0.55%。如图5-5所示。

创新影响水平中等的城市有天津、成都、杭州、大连、南京、西安、武汉、厦门、沈阳、济南、青岛、宁波，其城市创新影响指数分别为66.32%、66.02%、65.04%、63.20%、61.97%、59.62%、59.00%、57.69%、53.19%、44.92%、41.94%、40.52，均高于全国创新影响指数平均水平（40.13%）。与上年同期相比，天津、成都、杭州、大连、南京、西安、武汉、厦门、沈阳、济南、青岛市的创新影响指数均有所提升，分别提升5.84%、5.35%、7.24%、5.09%、4.36%、2.67%、6.34%、5.02%、1.94%、3.26%和3.00%；宁波市的创新影响指数有所下降，下降幅度为1.41%。

创新影响水平一般的城市有重庆、哈尔滨、长春，其城市创新影响指数分别为 37.95%、35.63%、34.30%，低于全国创新影响指数平均水平。与上年同期相比，上述城市的创新影响指数均有所提升，分别提升 5.01%、1.25% 和 5.28%。

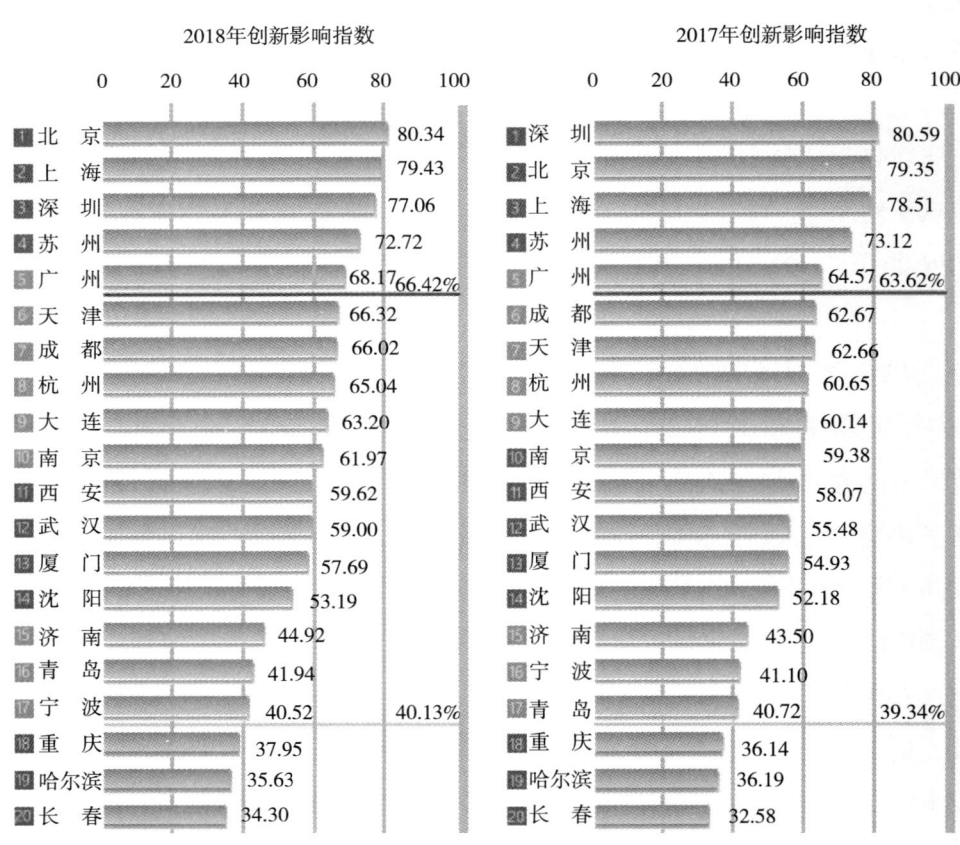

图 5-5　2018 年、2017 年中国城市创新影响指数[①]

---

① 中国创新城市评价课题组.2018 中国创新城市评价报告[R].2018，12.

第二节　山东省各地区创新水平评价

一、创新投入水平评价

（一）研究与开发（R&D）经费支出情况

山东省2018年R&D经费内部支出总计76 469.67万元，占全省GDP比重为2.15%。各地区R&D经费支出占GDP比重由高到低依次为：莱芜市、济南市、淄博市、烟台市、青岛市、日照市、临沂市、泰安市、滨州市、潍坊市、德州市、济宁市、聊城市、东营市、威海市、枣庄市、菏泽市；各市R&D经费支出占全省比重由高到低依次为：青岛市、济南市、烟台市、淄博市、潍坊市、临沂市、济宁市、泰安市、东营市、德州市、聊城市、威海市、滨州市、日照市、枣庄市、莱芜市、菏泽市。

由表5-1及图5-6可以看出，青岛市R&D经费支出数额最高（2 821 989万元），占全省R&D经费支出的17.17%；但其占当地GDP的比重并不高，仅为2.35%。反观莱芜市，R&D经费支出数额为269 792万元，占全省经费支出比重较低，仅为1.64%；但其占当地GDP的比重却在全省位列第一，达到2.68%，反映出莱芜市近年对创新投入力度的加大。

表 5-1　2018 年山东省各地区 R&D 经费内部支出情况

2018 年	GDP（亿元）	R&D 经费支出（万元）	各市 R&D 经费支出占 GDP 比重（%）	各市 R&D 经费支出占全省比重（%）
济南市	7856.56	2085980	2.66	12.69
青岛市	12001.52	2821989	2.35	17.17
淄博市	5068.35	1336844	2.64	8.13
枣庄市	2402.38	331153	1.38	2.02
东营市	4152.47	681857	1.64	4.15
烟台市	7832.58	1870538	2.39	11.38
潍坊市	6156.78	1220245	1.98	7.43
济宁市	4930.58	927696	1.88	5.65
泰安市	3651.53	760568	2.08	4.63
威海市	3641.48	586955	1.61	3.57
日照市	2202.17	483594	2.20	2.94
莱芜市	1005.65	269792	2.68	1.64
临沂市	4717.80	1006342	2.13	6.12
德州市	3380.30	667516	1.97	4.06
聊城市	3152.15	590869	1.87	3.60
滨州市	2640.52	542640	2.06	3.30
菏泽市	3078.78	248721	0.81	1.51
全省总计	76469.67	16433299	2.15	100.00

数据来源：根据《山东省统计年鉴 2019》中有关数据计算得到。

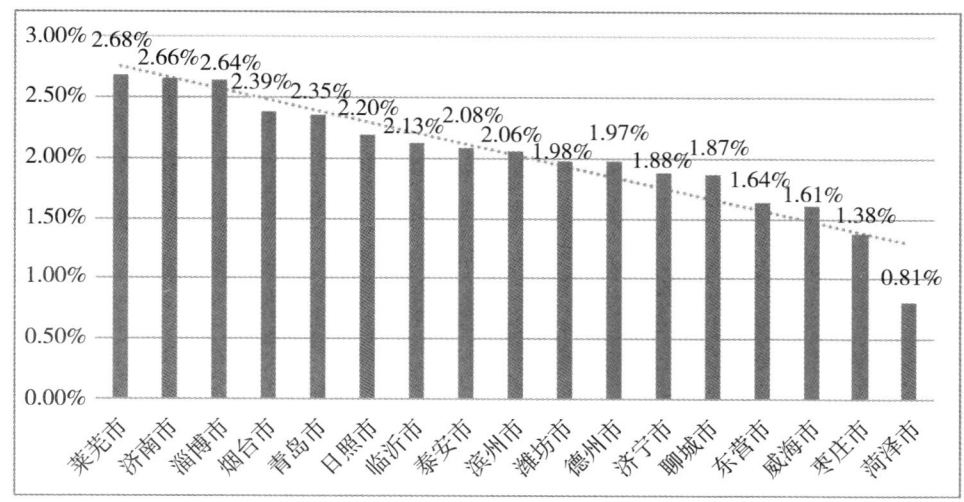

图 5-6　2018 年山东省各地市 R&D 经费支出占 GDP 比重

（二）规模以上工业企业研发经费支出情况

山东省 2018 年规模以上工业企业 R&D 经费内部支出总计 14 184 977 万元，占全省规模以上企业主营业务收入比重为 1.53%。各地区规模以上工业企业 R&D 经费支出占规模以上企业主营业务收入比重由高到低依次为：泰安市、济南市、枣庄市、德州市、青岛市、淄博市、烟台市、威海市、聊城市、日照市、济宁市、潍坊市、莱芜市、临沂市、东营市、滨州市、菏泽市；各市规模以上企业 R&D 经费支出占全省比重由高到低依次为：青岛市、烟台市、济南市、淄博市、潍坊市、临沂市、济宁市、德州市、泰安市、东营市、威海市、聊城市、滨州市、日照市、枣庄市、莱芜市、菏泽市。

由表 5-2 及图 5-7 可以看出，青岛市规模以上企业 R&D 经费支出数额最高（2 032 195 万元），占全省规模以上企业 R&D 经费支出的 14.33%；但其占当地规模以上企业主营业务收入的比重并不高，仅为 1.93%。反观泰安市，规模以上企业 R&D 经费支出数额为 638 232 万元，占全省经费支出比重较低，仅为 4.50%；但其占当地规模以上企业主营业务收入的比重却在全省位列第一，达到 3.28%，反映出泰安市规模以上工业企业近年对创新投入力度的加大。

表 5-2　2018 年山东省各地区规模以上工业企业 R&D 经费支出情况

2018 年	规模以上企业 R&D 经费支出（万元）	规模以上企业主营业务收入（亿元）	规模以上企业 R&D 经费支出占主营业务收入比重（%）	规模以上企业 R&D 经费支出占全省比重（%）
济南市	1317817	5171	2.55	9.29
青岛市	2032195	10545.3	1.93	14.33
淄博市	1196142	6553.1	1.83	8.43
枣庄市	312038	1472.3	2.12	2.20
东营市	611532	7019.3	0.87	4.31
烟台市	1772540	9852.9	1.80	12.50
潍坊市	1169185	8629.4	1.35	8.24
济宁市	877591	5873.1	1.49	6.19
泰安市	638232	1944.4	3.28	4.50
威海市	576759	3262.2	1.77	4.07
日照市	455407	2637.2	1.73	3.21
莱芜市	267070	2093.9	1.28	1.88
临沂市	980849	9275.4	1.06	6.91
德州市	646713	3076.8	2.10	4.56
聊城市	568125	3203.2	1.77	4.01
滨州市	516315	8031.2	0.64	3.64
菏泽市	246467	4065.2	0.61	1.74
全省总计	14184977	92703.6	1.53	100.00

数据来源：根据《山东省统计年鉴 2019》中有关数据计算得到。

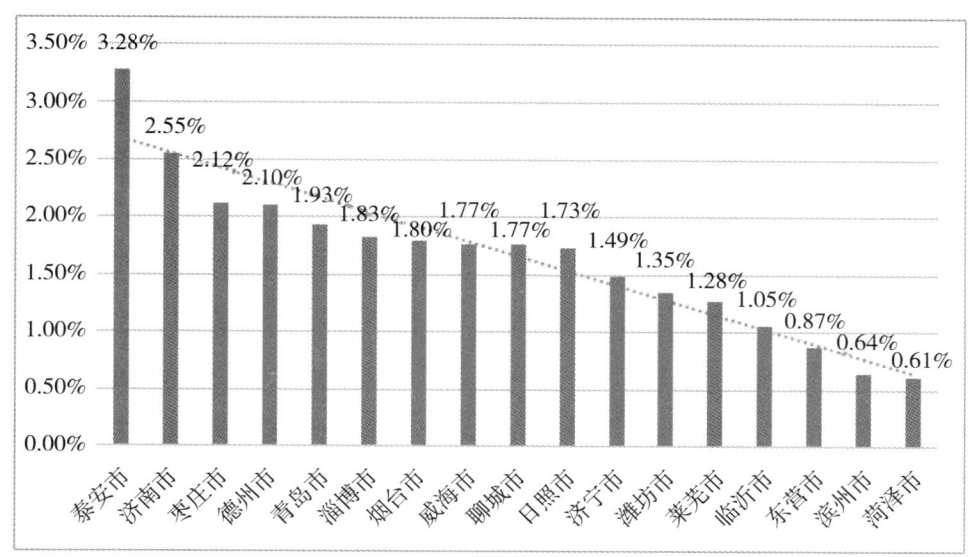

图 5-7 2018 年山东省各地市规模以上企业 R&D 经费支出占主营业务收入比重

（三）地方财政科技支出情况

山东省 2018 年地方财政科技支出总计 2 327 392 万元，占全省财政支出比重为 2.30%。各地区地方财政科技支出占财政支出比重由高到低依次为：烟台市、威海市、德州市、滨州市、青岛市、日照市、潍坊市、淄博市、济南市、东营市、济宁市、莱芜市、枣庄市、泰安市、临沂市、菏泽市、聊城市；各市地方财政科技支出占全省比重由高到低依次为：青岛市、烟台市、济南市、潍坊市、德州市、威海市、淄博市、滨州市、济宁市、日照市、东营市、临沂市、泰安市、枣庄市、菏泽市、聊城市、莱芜市。

由表 5-3 及图 5-8 可以看出，青岛市地方财政科技支出数额最高（451 472 万元），占全省科技支出的 19.40%；但其占当地财政支出的比重并不是很高，为 2.89%。反观烟台市，地方财政科技支出数额为 289 873 万元，占全省科技支出比重也较高，达到 12.45%；而其占当地财政支出的比重则在全省位列第一，达到 3.83%，反映出烟台市政府对科技投入的大力支持。

表 5-3 2018 年山东省各地区地方财政科技支出情况

2018 年	地方财政科技支出（万元）	地方财政支出（万元）	地方财政科技支出占财政支出比重（%）	地方财政科技支出占全省比重（%）
济南市	210425	10183179	2.07	9.04
青岛市	451472	15597764	2.89	19.40
淄博市	110275	4746250	2.32	4.74
枣庄市	28093	2597389	1.08	1.21
东营市	47462	3062955	1.55	2.04
烟台市	289873	7559881	3.83	12.45
潍坊市	201010	7334934	2.74	8.64
济宁市	74910	6196247	1.21	3.22
泰安市	31621	3810385	0.83	1.36
威海市	127487	3638370	3.50	5.48
日照市	73908	2595536	2.85	3.18
莱芜市	11709	1003535	1.17	0.50
临沂市	43679	6391287	0.68	1.88
德州市	137460	4141460	3.32	5.91
聊城市	14273	4092080	0.35	0.61
滨州市	101917	3453216	2.95	4.38
菏泽市	19956	5518422	0.36	0.86
全省总计	2327392	101009609	2.30	100.00

数据来源：根据《山东省统计年鉴 2019》中有关数据计算得到。

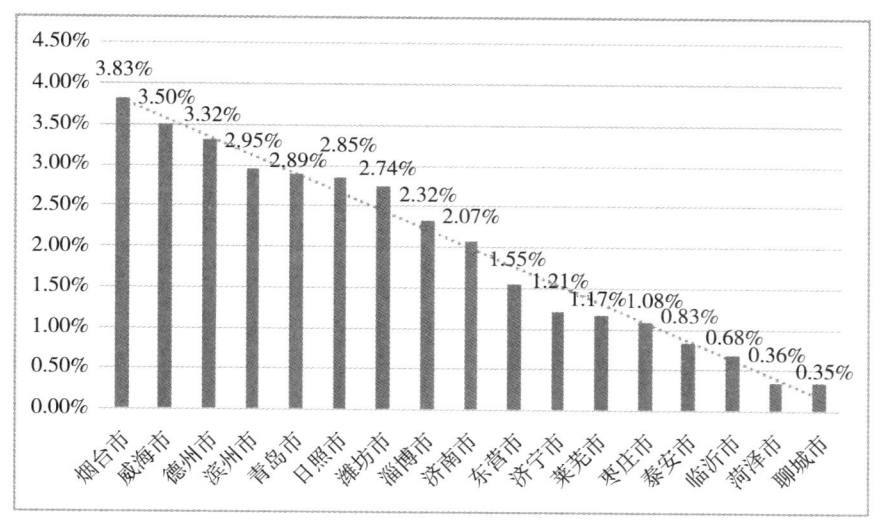

图 5-8　2018 年山东省各地市财政科技支出占财政支出比重

二、创新资源评价

（一）研发人员状况

山东省 2018 年研究与发展人员数总计为 509 348 人，每万名就业人员中研发人员数为 82 人。各地区每万名就业人员中研发人员数由高到低依次为：济南市、青岛市、淄博市、威海市、东营市、烟台市、莱芜市、滨州市、泰安市、日照市、潍坊市、德州市、济宁市、聊城市、枣庄市、临沂市、菏泽市；各市研发人员占全省比重由高到低依次为：青岛市、济南市、烟台市、淄博市、潍坊市、济宁市、临沂市、泰安市、威海市、德州市、滨州市、聊城市、东营市、日照市、枣庄市、菏泽市、莱芜市。

由表 5-4 及图 5-9 可以看出，青岛市研发人员数量最多（92 011 人），占全省研发人员的 18.06%；每万名就业人员中研发人员数也很高，为 156 人。济南市研发人员数量为 87 872 人，占全省研发人员比重也较高，达到 17.25%；每万名就业人员中研发人员数则在全省位列第一,为207人。上述数据反映出济南、青岛两市为山东省科技人才聚集地区,研发资源较为丰厚。

表5-4 2018年山东省各地区研发人员状况

2018年	研发人员数（人）	就业人员数（万人）	每万名就业人中研发人员数（人）	研发人员占全省比重（%）
济南市	87872	423.9	207	17.25
青岛市	92011	590.3	156	18.06
淄博市	43029	282.1	153	8.45
枣庄市	9992	249.7	40	1.96
东营市	13776	133.1	104	2.70
烟台市	45653	443.8	103	8.96
潍坊市	34231	568.9	60	6.72
济宁市	27262	510.2	53	5.35
泰安市	24779	366.2	68	4.86
威海市	21415	183.4	117	4.20
日照市	11824	188.3	63	2.32
莱芜市	8650	84.7	102	1.70
临沂市	26146	658.8	40	5.13
德州市	20173	361.5	56	3.96
聊城市	15990	377.1	42	3.14
滨州市	17704	249.3	71	3.48
菏泽市	8841	509.3	17	1.74
全省总计	509348	6180.6	82	100.00

数据来源:根据《山东省统计年鉴2019》中有关数据计算得到。

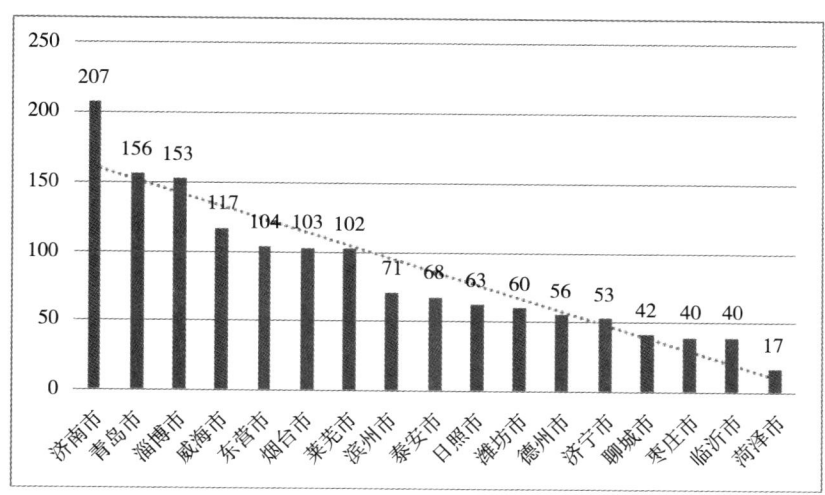

图 5-9 2018 年山东省各地市每万名就业人员中研发人员数

（二）规模以上工业企业研发人员状况

山东省 2018 年规模以上工业企业研发人员总计为 388 403 人，规模以上工业企业每万名就业人员中研发人员数为 558 人。各地区规模以上企业每万名就业人员中研发人员数由高到低依次为：济南市、淄博市、莱芜市、青岛市、日照市、烟台市、泰安市、威海市、滨州市、聊城市、潍坊市、枣庄市、德州市、济宁市、临沂市、东营市、菏泽市；各市规模以上企业研发人员占全省比重由高到低依次为：青岛市、济南市、烟台市、淄博市、潍坊市、临沂市、威海市、济宁市、德州市、泰安市、滨州市、聊城市、东营市、日照市、莱芜市、枣庄市、菏泽市。

由表 5-5 及图 5-10 可以看出，青岛市规模以上企业研发人员数量最多（64 657 人），占全省规模以上企业研发人员的 16.65%；规模以上企业每万名就业人员中研发人员数也较高，为 886 人。济南市规模以上企业研发人员数量为 48 113 人，占全省规模以上企业研发人员比重也很高，达到 12.39%；规模以上企业每万名就业人员中研发人员数则在全省位列第一，为 1315 人。上述数据反映出济南、青岛两市规模以上工业企业科技创新活动活跃,创新人才较为集中。

表5-5 2018年山东省各地区规模以上工业企业研发人员状况

2018年	规模以上企业研发人员数(人)	规模以上企业就业人员数(万人)	规模以上企业每万名就业人员中研发人员数(人)	规模以上企业研发人员占全省比重(%)
济南市	48113	36.6	1315	12.39
青岛市	64657	73	886	16.65
淄博市	36031	38.7	931	9.28
枣庄市	8201	20.6	398	2.11
东营市	11062	30.7	360	2.85
烟台市	40080	63.8	628	10.32
潍坊市	28592	66.3	431	7.36
济宁市	20159	53.7	375	5.19
泰安市	15806	25.9	610	4.07
威海市	20214	41.3	489	5.20
日照市	9932	12.8	776	2.56
莱芜市	8363	9.3	899	2.15
临沂市	23450	62.8	373	6.04
德州市	17737	45.2	392	4.57
聊城市	12582	28.5	441	3.24
滨州市	15596	33.0	473	4.02
菏泽市	7828	40.2	195	2.02
全省总计	388403	696	558	100.00

数据来源:根据《山东省统计年鉴2019》中有关数据计算得到。

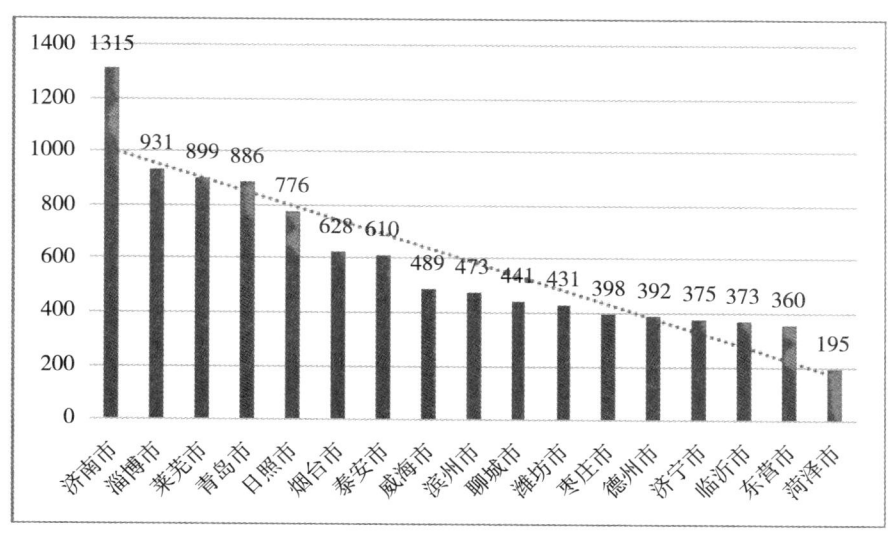

图 5-10 2018 年山东省各地市规模以上企业每万名就业人员中研发人员数

三、创新成果评价

（一）发明专利申请量情况

山东省 2018 年发明专利申请量总计为 75 817 件，每万人发明专利申请量为 8 件。各地区每万人发明专利申请量由高到低依次为：青岛市、济南市、淄博市、烟台市、潍坊市、威海市、东营市、枣庄市、莱芜市、济宁市、泰安市、滨州市、日照市、临沂市、德州市、聊城市、菏泽市；各市发明专利申请量占全省比重由高到低依次为：青岛市、济南市、潍坊市、淄博市、烟台市、济宁市、泰安市、威海市、临沂市、枣庄市、滨州市、东营市、聊城市、德州市、日照市、菏泽市、莱芜市。

由表 5-6 及图 5-11 可以看出，青岛市发明专利申请量最多，为 22 521 件，占全省发明专利申请量的 29.70%；每万人发明专利申请量也很高，在全省位列第一，为 24 件。济南市发明专利申请量为 13 685 件，占全省发明专利申请量的18.05%；每万人发明专利申请量也很高，为18件。上述数据反映出青岛、济南两市科技创新活动活跃，创新成果较为突出。

表5-6　2018年山东省各地区发明专利申请量情况

2018年	地区总人数（万人）	发明专利申请量（件）	每万人发明专利申请量（件）	发明专利申请量占全省比重（%）
济南市	746.04	13685	18	18.05
青岛市	939.48	22521	24	29.70
淄博市	470.18	5874	12	7.75
枣庄市	392.73	2081	5	2.74
东营市	217.21	1555	7	2.05
烟台市	712.18	5402	8	7.13
潍坊市	937.30	7470	8	9.85
济宁市	834.59	3197	4	4.22
泰安市	564.00	2449	4	3.23
威海市	283.00	2336	8	3.08
日照市	293.03	959	3	1.26
莱芜市	137.90	636	5	0.84
临沂市	1062.40	2234	2	2.95
德州市	581.00	1447	2	1.91
聊城市	607.45	1457	2	1.92
滨州市	392.25	1601	4	2.11
菏泽市	876.50	913	1	1.20
全省总计	10047.24	75817	8	100.00

数据来源：根据《山东省统计年鉴2019》中有关数据计算得到。

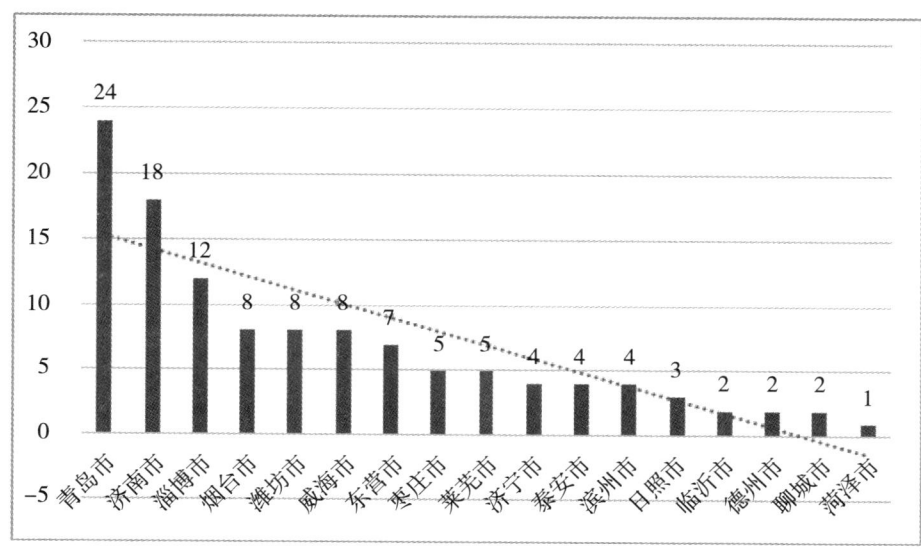

图 5-11 2018年山东省各地市每万人发明专利申请量

（二）发明专利授权量情况

山东省2018年发明专利授权量总计为20 338件，每万人发明专利授权量为2件。各地区每万人发明专利授权量由高到低依次为：青岛市、济南市、淄博市、东营市、烟台市、潍坊市、威海市、莱芜市、枣庄市、济宁市、泰安市、日照市、临沂市、聊城市、滨州市、德州市、菏泽市；各市发明专利授权量占全省比重排序与之相同。

由表5-7及图5-12可以看出，青岛市发明专利授权量最多，为6496件，占全省发明专利授权量的31.94%；每万人发明专利授权量也很高，在全省位列第一，为7件。济南市发明专利授权量为4887件，占全省发明专利授权量的24.03%；每万人发明专利授权量也很高，为7件。上述数据反映出青岛、济南两市科技创新活动活跃，创新成果较为突出。

表 5-7　2018 年山东省各地区发明专利授权量情况

2018年	地区总人数（万人）	发明专利授权量（件）	每万人发明专利授权量（件）	发明专利授权量占全省比重（%）
济南市	746.04	4887	7	24.03
青岛市	939.48	6496	7	31.94
淄博市	470.18	1250	3	6.15
枣庄市	392.73	228	1	1.12
东营市	217.21	401	2	1.97
烟台市	712.18	1364	2	6.71
潍坊市	937.30	1612	2	7.93
济宁市	834.59	621	1	3.05
泰安市	564.00	523	1	2.57
威海市	283.00	642	2	3.16
日照市	293.03	300	1	1.48
莱芜市	137.90	238	2	1.17
临沂市	1062.40	538	1	2.65
德州市	581.00	286	0	1.41
聊城市	607.45	388	1	1.91
滨州市	392.25	330	1	1.62
菏泽市	876.50	234	0	1.15
全省总计	10047.24	20338	2	100.00

数据来源：根据《山东省统计年鉴 2019》中有关数据计算得到。

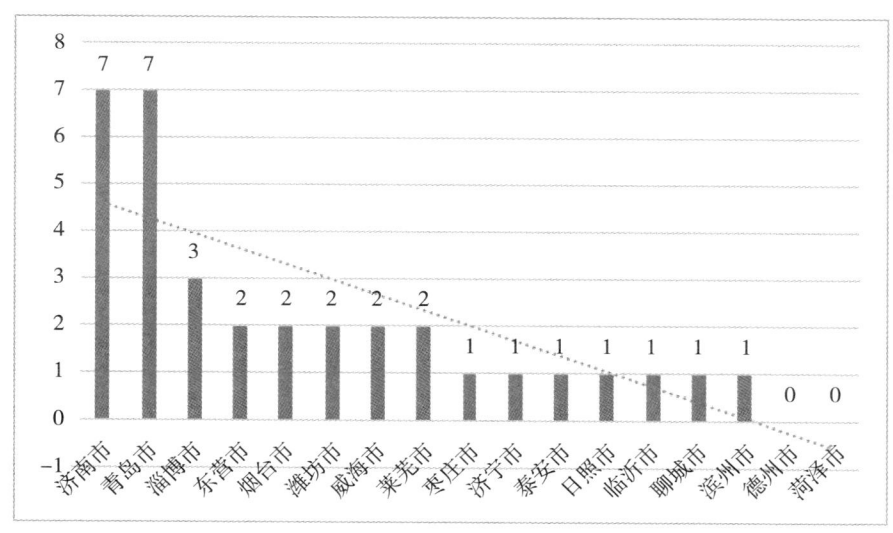

图 5-12 2018 年山东省各地市每万人发明专利授权量

四、创新效率评价

（一）万元 GDP 能耗降低情况

山东省 2014—2018 年万元 GDP 能耗降低幅度分别为：5.00%、3.72%、5.15%、6.94%、4.87%，近 5 年万元 GDP 能耗平均下降速度为 5.14%。各地区近 5 年万元 GDP 能耗下降速度由高到低依次为：滨州市、济南市、临沂市、淄博市、泰安市、德州市、枣庄市、莱芜市、聊城市、威海市、烟台市、日照市、潍坊市、济宁市、青岛市、菏泽市、东营市。

由表 5-8 及图 5-13 可以看出，滨州市万元 GDP 能耗降低幅度最大，2014—2018 年万元 GDP 能耗降低幅度分别为 20.33%、47.01%、4.12%、12.45%、4.91%，近 5 年万元 GDP 能耗平均下降速度达到 17.76%。济南市万元 GDP 能耗降低幅度也很大，2014—2018 年万元 GDP 能耗降低幅度分别为 6.22%、9.92%、3.94%、18.62%、12.29%，近 5 年万元 GDP 能耗平均下降速度达到

10.20%。反观创新活动活跃、经济水平较高的青岛市，近 5 年万元 GDP 能耗平均下降速度仅为 5.42%；以重工业为主的东营市近 5 年万元 GDP 能耗平均下降速度全省最低，仅为 3.71%。上述数据反映出滨州、济南两市能源结构较为协调、科技创新效益较高，青岛市、东营市则需进一步提升其创新效益。

表 5-8　2014—2018 年山东省各地区万元 GDP 能耗降低情况

2018 年	2014 年万元 GDP 能耗降幅（%）	2015 年万元 GDP 能耗降幅（%）	2016 年万元 GDP 能耗降幅（%）	2017 年万元 GDP 能耗降幅（%）	2018 年万元 GDP 能耗降幅（%）	近 5 年万元 GDP 能耗平均下降速度（%）
济南市	6.22	9.92	3.94	18.62	12.29	10.20
青岛市	7.04	7.69	5.68	3.99	2.70	5.42
淄博市	5.81	5.64	9.94	7.88	4.78	6.81
枣庄市	5.67	10.80	3.74	7.64	2.95	6.16
东营市	3.56	7.74	0.25	4.33	2.68	3.71
烟台市	4.66	10.60	3.46	6.20	3.45	5.67
潍坊市	5.13	7.72	7.22	3.78	4.16	5.60
济宁市	5.43	10.13	5.53	4.10	2.22	5.48
泰安市	5.11	10.69	6.91	8.26	2.28	6.65
威海市	5.33	7.65	5.43	5.58	4.40	5.68
日照市	6.88	3.63	4.87	4.28	8.42	5.62
莱芜市	3.34	9.78	4.50	7.71	4.25	5.92
临沂市	5.25	15.17	2.50	7.86	5.43	7.24
德州市	5.20	8.49	6.54	8.51	3.60	6.47
聊城市	0.50	7.37	5.42	4.54	11.22	5.81
滨州市	20.33	47.01	4.12	12.45	4.91	17.76

续表

2018年	2014年万元GDP能耗降幅(%)	2015年万元GDP能耗降幅(%)	2016年万元GDP能耗降幅(%)	2017年万元GDP能耗降幅(%)	2018年万元GDP能耗降幅(%)	近5年万元GDP能耗平均下降速度(%)
菏泽市	4.11	5.10	5.45	5.90	3.91	4.89
全省总计	5.00	3.72	5.15	6.94	4.87	5.14

数据来源：根据《山东省统计年鉴2019》中有关数据计算得到。

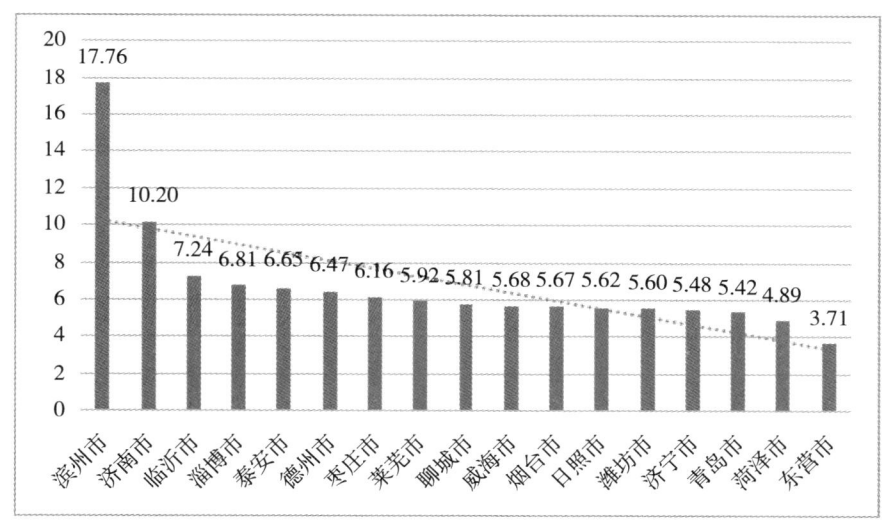

图 5-13 山东省各地市近5年万元GDP能耗平均下降速度

（二）规模以上工业万元增加值能耗降低情况

山东省2014—2018年规模以上工业万元增加值能耗降低幅度分别为：7.22%、7.88%、3.84%、9.89%、5.35%，近5年规模以上工业万元增加值能耗平均下降速度为6.84%。各地区近5年规模以上工业万元增加值能耗下降速度由高到低依次为：滨州市、济南市、临沂市、聊城市、威海市、济宁市、德州市、烟台市、青岛市、淄博市、枣庄市、菏泽市、泰安市、日照市、莱芜市、潍坊市、东营市。

由表5-9及图5-14可以看出，滨州市规模以上工业万元增加值能耗降低幅度最大，2014—2018年规模以上工业万元增加值能耗降低幅度分别为

21.83%、52.06%、2.99%、12.61%、3.33%，近5年规模以上工业万元增加值能耗平均下降速度达到19.28%。济南市规模以上工业万元增加值能耗降低幅度也很大，2014—2018年规模以上工业万元增加值能耗降低幅度分别为7.79%、10.22%、4.64%、25.14%、21.37%，近5年规模以上工业万元增加值能耗平均下降速度达到13.83%。青岛市近5年规模以上工业万元增加值能耗平均下降速度为7.35%，表现中等；东营市近5年规模以上工业万元增加值能耗平均下降速度全省最低，仅为3.75%。上述数据反映出滨州、济南两市规模以上工业能源结构较为协调、科技创新效益较高，东营市则需进一步提升其创新效益。

表5-9　2014—2018年山东省各地区规模以上工业万元增加值能耗降低情况

2018年	2014年万元增加值能耗降幅（%）	2015年万元增加值能耗降幅（%）	2016年万元增加值能耗降幅（%）	2017年万元增加值能耗降幅（%）	2018年万元增加值能耗降幅（%）	近5年万元增加值能耗平均下降速度（%）
济南市	7.79	10.22	4.64	25.14	21.37	13.83
青岛市	14.10	6.70	6.82	6.56	2.59	7.35
淄博市	9.25	3.65	10.40	6.55	6.09	7.19
枣庄市	9.52	14.21	3.43	4.90	3.12	7.04
东营市	4.87	6.10	0.10	5.43	2.26	3.75
烟台市	9.39	11.89	5.91	7.63	4.17	7.80
潍坊市	6.54	7.09	7.00	0.77	4.76	5.23
济宁市	11.11	10.74	8.31	6.38	5.00	8.31
泰安市	8.41	10.49	0.84	7.74	3.80	6.26
威海市	7.55	9.70	12.36	9.22	5.83	8.93
日照市	9.79	1.46	5.55	5.90	5.78	5.70

续表

2018年	2014年万元增加值能耗降幅（%）	2015年万元增加值能耗降幅（%）	2016年万元增加值能耗降幅（%）	2017年万元增加值能耗降幅（%）	2018年万元增加值能耗降幅（%）	近5年万元增加值能耗平均下降速度（%）
莱芜市	4.16	12.18	0.54	3.14	7.07	5.42
临沂市	7.17	25.59	5.62	10.06	6.50	10.99
德州市	9.15	7.36	9.63	9.34	5.52	8.20
聊城市	0.14	11.18	8.74	17.80	10.86	9.74
滨州市	21.83	52.06	2.99	16.21	3.33	19.28
菏泽市	8.07	6.32	8.29	6.84	3.94	6.69
全省总计	7.22	7.88	3.84	9.89	5.35	6.84

数据来源：根据《山东省统计年鉴2019》中有关数据计算得到。

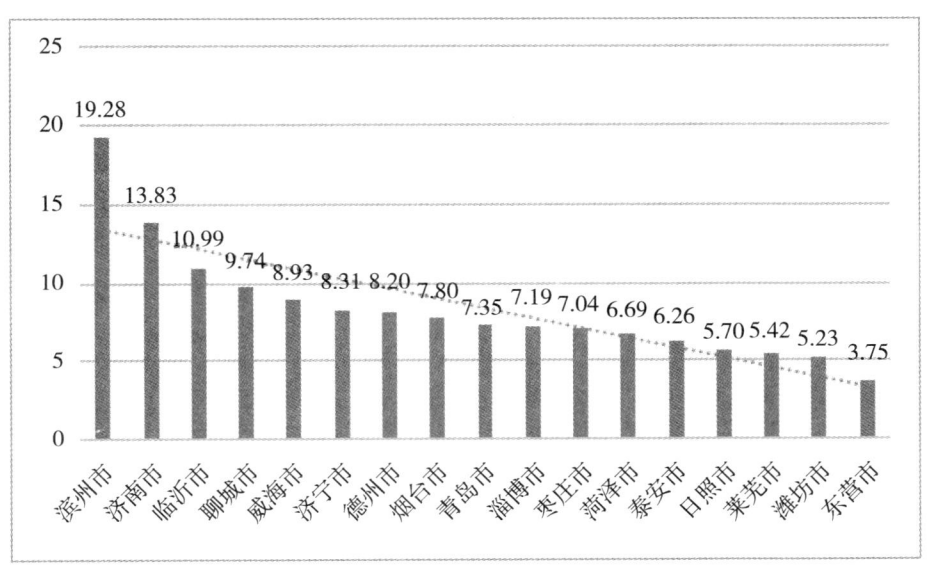

图 5-14　山东省各地市近5年规模以上工业万元增加值能耗平均下降速度

第三节 山东省创新发展水平综合评价

一、创新发展水平综合评价指标体系构建

借鉴学者们对创新水平评价的相关研究成果，本节从创新投入、创新资源、创新成果、创新效益等方面，构建山东省创新发展水平综合评价指标体系，对各地城市创新发展水平进行综合评价。

如表 5-10 所示，该指标体系共涵盖三级指标，各指标含义如下。

创新投入水平从 R&D 经费投入、科技投入等维度衡量，其中，R&D 经费投入指标由 R&D 经费支出占 GDP 比重、规模以上工业企业 R&D 经费支出占主营业务收入比重等指标进行测度，科技投入指标由地方财政科技支出占财政支出比重、固定资产投资增长速度等指标进行测度。

创新资源水平从研发资源、潜在创新资源维度进行衡量，其中，研发资源指标由每百万人国家级科技企业孵化器、每万名就业人员中研发人员数、规模以上工业企业每万名就业人员中研发人员数等指标进行测度；潜在创新资源指标由每万人高等教育在校生人数、每百人互联网宽带接入用户数等指标进行测度。

创新成果水平从专利产出维度进行衡量，具体而言，由每万人有效发明专利拥有量、每万元 GDP 技术合同成交额、每百万人 PCT 国际专利申请量、每万人发明专利申请量、每万人发明专利授权量等指标进行测度。

创新效益水平从经济质量效益、节能环保维度进行衡量，其中，经济质量效益指标由每百万人拥有高新技术企业数、高新技术产业产值占规模以上工业总产值比重、劳动生产率、土地产出率等指标进行测度，节能环保指标由近 5

年万元 GDP 能耗平均下降速度、近 5 年规模以上工业万元增加值能耗平均下降速度等指标进行测度。

表 5-10 山东省创新发展水平综合评价指标体系

一级指标	二级指标	三级指标	备注
创新投入水平	R&D 经费投入（X1）	X11：R&D 经费支出占 GDP 比重	单位：%
		X12：规模以上工业企业 R&D 经费支出占主营业务收入比重	单位：%
	科技投入（X2）	X21：地方财政科技支出占财政支出比重	单位：%
		X22：固定资产投资增长速度	单位：%
创新资源水平	研发资源（X3）	X31：每百万人国家级科技企业孵化器	单位：个
		X32：每万名就业人员中研发人员数	单位：人
		X33：规模以上工业企业每万名就业人员中研发人员数	单位：人
	潜在创新资源（X4）	X41：每万人高等教育在校生人数	单位：人
		X42：每百人互联网宽带接入用户数	单位：户
创新成果水平	专利产出（X5）	X51：每万人有效发明专利拥有量	单位：件
		X52：每万元 GDP 技术合同成交额	单位：元
		X53：每百万人 PCT 国际专利申请量	单位：件
		X54：每万人发明专利申请量	单位：件
		X55：每万人发明专利授权量	单位：件
创新效益水平	经济质量效益（X6）	X61：每百万人拥有高新技术企业数	单位：家
		X62：高新技术产业产值占规模以上工业总产值比重	单位：%
		X63：劳动生产率	单位：%
		X64：土地产出率	单位：%
	节能环保（X7）	X71：近 5 年万元 GDP 能耗平均下降速度	单位：%
		X72：近 5 年规模以上工业万元增加值能耗平均下降速度	单位：%

山东省各地区创新水平指标原始数据，如表 5-11、表 5-12 所示。

表 5-11 2018 年山东省各地区创新水平指标原始数据

地区	X11R&D经费支出占GDP比重(%)	X12规模以上工业企业R&D经费支出占主营业务收入比重(%)	X21地方财政科技支出占财政支出比重(%)	X22固定资产投资增长速度(%)	X31每百万人国家级科技企业孵化器(个)	X32每万名就业人员中研发人员数(人)	X33规模以上工业企业每万名就业人员中研发人员数(人)	X41每万人高等教育在校生人数(人)	X42每百人互联网宽带接入用户数(户)	X51每万人有效发明专利拥有量(件)
济南市	2.66	2.55	2.07	9.60	1.5	207	1315	796	38.77	25.58
青岛市	2.35	1.93	2.89	7.90	2.05	156	886	412	32.98	23.97
淄博市	2.64	1.83	2.32	6.60	1.06	153	931	230	27.12	10.74
枣庄市	1.38	2.12	1.08	-19.80	0.26	40	398	116	24.23	2.53
东营市	1.64	0.87	1.55	-10	2.32	104	360	181	36.25	7.45
烟台市	2.39	1.80	3.83	6	1.27	103	628	308	27.69	7.92
潍坊市	1.98	1.35	2.74	4.40	0.75	60	431	230	23.82	5.54
济宁市	1.88	1.49	1.21	7.10	0.72	53	375	134	21.86	2.54
泰安市	2.08	3.28	0.83	5.80	0.18	68	610	225	23.06	2.96
威海市	1.61	1.77	3.50	7.50	2.48	117	489	320	33.72	8.41
日照市	2.20	1.73	2.85	6.30	0.69	63	776	239	25.74	2.32
莱芜市	2.68	1.28	1.17	7.20	0.73	102	899	78	29.02	8.21
临沂市	2.13	1.06	0.68	7.80	0.28	40	373	80	21.50	2.6
德州市	1.97	2.10	3.32	7.30	0.69	56	392	110	21.66	2.71
聊城市	1.87	1.77	0.35	-4.30	0.16	42	441	113	20.50	2.54
滨州市	2.06	0.64	2.95	-16.80	0.26	71	473	140	30.83	4.09
菏泽市	0.81	0.61	0.36	8	0.23	17	195	56	18.01	1.26

表 5-12　2018 年山东省各地区创新水平指标原始数据（副表）

地区	X52 每万元GDP技术合同成交额（元）	X53 每百万人PCT国际专利申请量（件）	X54 每万人发明专利申请量（件）	X55 每万人发明专利授权量（件）	X61 每百万人拥有高新技术企业数（家）	X62 高新技术产业产值占规模以上工业总产值比重（%）	X63 劳动生产率（%）	X64 土地产出率（%）	X71 近5年万元GDP能耗平均下降速度（%）	X72 近5年规模以上工业万元增加值能耗平均下降速度（%）
济南市	118.25	18.17	18	7	147	45.12	2.87	98.23	10.20	13.83
青岛市	114.76	82.02	24	7	219	42.51	4.96	106.27	5.42	7.35
淄博市	81.57	19.11	12	3	60	34.53	4.37	84.97	6.81	7.19
枣庄市	59.59	1.28	5	1	25	24.92	2.89	52.64	6.16	7.04
东营市	59.31	6.5	7	2	69	36.18	13.18	50.37	3.71	3.75
烟台市	83.19	5.92	8	2	52	42.49	6.25	56.49	5.67	7.80
潍坊市	86.32	22.96	8	2	58	34.35	3.47	38.08	5.60	5.23
济宁市	44.34	0.96	4	1	38	30.87	2.24	44.07	5.48	8.31
泰安市	62.51	4.61	4	1	25	29.76	3.91	47.05	6.65	6.26
威海市	98.7	11.68	8	2	105	41.1	3.97	62.79	5.68	8.93
日照市	37.3	1.03	3	1	32	24.67	3.82	41	5.62	5.70
莱芜市	53.79	0.00	5	2	54	22.63	3.7	44.77	5.92	5.42
临沂市	38.55	1.04	2	1	20	29.5	2.64	27.44	7.24	10.99
德州市	35.79	0.69	2	0	34	30.96	3.61	32.64	6.47	8.20
聊城市	38.22	0.66	2	1	16	30.03	3.57	36.53	5.81	9.74
滨州市	20.67	0.51	4	1	26	27.31	5.86	28.79	17.76	19.28
菏泽市	28.54	0.11	1	0	11	33.74	2.44	25.33	4.89	6.69

二、各地区创新发展水平综合评价

基于表 5-11、表 5-12 的原始指标数据,依据德尔菲法的基本原理,我们采用专家赋分法对各地城市创新水平进行综合评价。首先,在相关研究总结梳理及专家赋分的基础上,确定各因素相关指标的权重。其中,创新投入指标权重为 27.4%,创新资源指标权重为 19.7%,创新成果指标权重为 14.1%,创新效益指标权重为 38.8%[①]。具体指标权重值如表 5-13 所示。

表 5-13 创新水平评价指标权重赋值

评价类别	评价指标	评价权重
创新投入指标 0.274	X11:R&D 经费支出占 GDP 比重	0.393
	X12:规模以上工业企业 R&D 经费支出占主营业务收入比重	0.311
	X21:地方财政科技支出占财政支出比重	0.183
	X22:固定资产投资增长速度	0.113
创新资源指标 0.197	X31:每百万人国家级科技企业孵化器	0.257
	X32:每万名就业人员中研发人员数	0.335
	X33:规模以上工业企业每万名就业人员中研发人员数	0.195
	X41:每万人高等教育在校生人数	0.133
	X42:每百人互联网宽带接入用户数	0.08

---

① 张静.资源型大省生态文明建设评价及绿色经济发展路径研究[D].北京:中国地质大学,2019.

续表

评价类别	评价指标	评价权重
创新成果指标 0.141	X51：每万人有效发明专利拥有量	0.363
	X52：每万元 GDP 技术合同成交额	0.238
	X53：每百万人 PCT 国际专利申请量	0.177
	X54：每万人发明专利申请量	0.098
	X55：每万人发明专利授权量	0.124
创新效益指标 0.388	X61：每百万人拥有高新技术企业数	0.212
	X62：高新技术产业产值占规模以上工业总产值比重	0.321
	X63：劳动生产率	0.125
	X64：土地产出率	0.165
	X71：近 5 年万元 GDP 能耗平均下降速度	0.089
	X72：近 5 年规模以上工业万元增加值能耗平均下降速度	0.088

对各评价指标进行标准化处理，以消除数据量纲的影响。令 X_i 表示城市创新水平各项指标的原始值，X_{max} 表示该项指标中的最大值，X_{min} 表示该项指标中的最小值。按照下述公式对数据进行标准化处理：

$$Y_i = \frac{X_i - X_{min}}{X_{max} - X_{min}}$$

基于评价指标权重，对山东省各地市相关指标标准化数值进行加权评价。各指标具体得分如表 5-14 所示。

表 5-14　山东省各地市创新指标得分

地区	创新投入指数	创新资源指数	创新成果指数	创新效益指数
济南市	81.82	89.14	83.66	71.37
青岛市	71.74	69.64	96.75	72.31

续表

淄博市	73.18	53.40	43.13	40.48
枣庄市	33.41	12.17	15.14	14.42
东营市	30.55	51.42	26.17	42.86
烟台市	75.28	43.26	32.99	47.00
潍坊市	55.08	23.59	33.88	27.56
济宁市	47.60	18.57	10.94	22.04
泰安市	70.15	21.42	16.79	21.22
威海市	57.38	59.25	38.75	49.74
日照市	65.44	30.37	8.48	12.37
莱芜市	61.79	38.20	23.70	12.36
临沂市	45.33	10.26	8.78	17.95
德州市	67.77	18.55	6.43	21.56
聊城市	41.75	10.67	8.53	19.60
滨州市	41.44	21.92	7.38	30.75
菏泽市	10.74	0.78	1.94	18.50

根据山东省各地区创新水平指标得分情况，我们对各城市整体创新水平进行综合评价，并根据综合评价结果进行分类，具体结果如表5-15所示。

表5-15 2018年山东省各地区创新水平综合评价

地区	创新总指数	综合评价结果
济南市	79.47	创新水平高
青岛市	75.07	

续表

地区	创新总指数	综合评价结果
淄博市	52.36	创新水平良好
威海市	52.16	
烟台市	52.04	
东营市	38.82	
潍坊市	35.21	
泰安市	34.04	创新水平中等，有很大上升空间
莱芜市	32.59	
德州市	31.49	
日照市	29.91	
滨州市	28.65	
济宁市	26.79	
临沂市	22.64	创新水平较低，亟待提高
聊城市	22.35	
枣庄市	19.28	
菏泽市	10.55	

表 5-15 中的 2018 年山东省各地区创新水平综合评价结果显示，各地市创新水平的比较大体可分为四类：第一类为济南、青岛，创新总指数均在 75 以上，创新水平在全省领先；第二类为淄博、威海、烟台、东营、潍坊五个城市，创新总指数均在 35 以上，这些城市的相关指标在全省处于前列，创新水平良好；第三类为泰安、莱芜、德州、日照、滨州、济宁六个城市，创新总指数均在 25 以上，这些城市的相关指标在全省处于中等水平，创新水平中等，有很大上升空间；第四类共包含四个城市，依次为临沂、聊城、枣庄、菏泽，这些城市的

创新总指数均在 25 以下，相关指标在全省处于较低水平，创新水平相对较低，亟待改善和提高。

三、山东省创新型城市比较分析

我们选取山东省获批国家创新型城市的济南、青岛、济宁、烟台、潍坊、东营六个地区，对其城市创新水平进行对比分析。

（一）创新投入水平比较

比较山东省各地区创新投入指数（见图 5-15）可以发现，济南市创新投入指数最高（81.82），烟台市位列第二（75.28），青岛市位列第四（71.74），潍坊市位列第十（55.08），济宁市位列第十一（47.60），东营市位列第十六（30.55）。

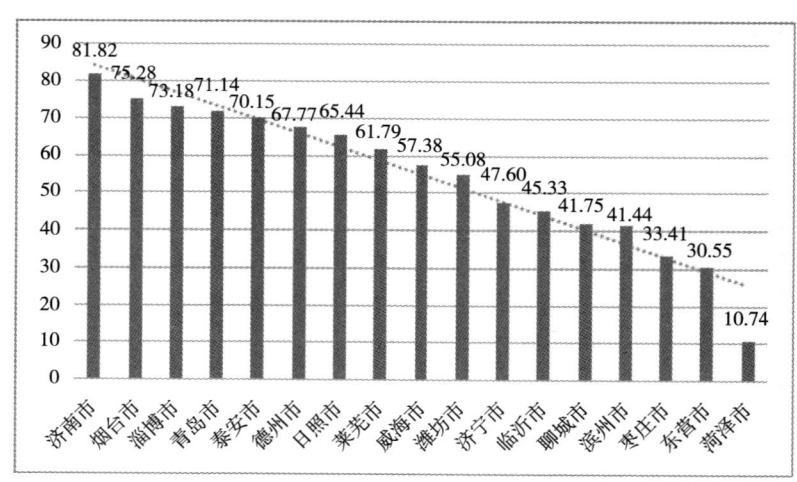

图 5-15　2018 年山东省各地区创新投入指数

济南、烟台、青岛创新投入水平较高，三市 R&D 经费支出占 GDP 的比重分别为 2.66%、2.39%、2.35%，在全省分别排第二、四、五位；三市规模以上工业企业 R&D 经费支出占主营业务收入比重分别为 2.55%、1.80%、1.93%，在全省分别排第二、七、五位；三市地方财政科技支出占财政支出比重分别为 2.07%、3.83%、2.89%，在全省分别排第九、一、五位；三市固定资产投资增长速度分别为 9.60%、6.00%、7.90%，在全省分别排第一、十一、三位。

潍坊、济宁、东营创新投入水平相对较低，三市 R&D 经费支出占 GDP 的比重分别为 1.98%、1.88%、1.64%，在全省分别排第十、十二、十四位；三市规模以上工业企业 R&D 经费支出占主营业务收入比重分别为 1.35%、1.49%、0.87%，在全省分别排第十二、十四、十五位；三市地方财政科技支出占财政支出比重分别为 2.74%、1.21%、1.55%，在全省分别排第七、十一、十位；三市固定资产投资增长速度分别为 4.40%、7.10%、-10.00%，在全省分别排第十三、八、十五位。在今后的发展中，这几个城市均需进一步加大创新投入的力度。

（二）创新资源水平比较

比较山东省各地区创新资源指数（见图 5-16）可以发现，济南市创新资源指数最高（89.14），青岛市位列第二（69.64），东营市位列第五（51.42），烟台市位列第六（43.26），潍坊市位列第九（23.59），济宁市位列第十二（18.57）。

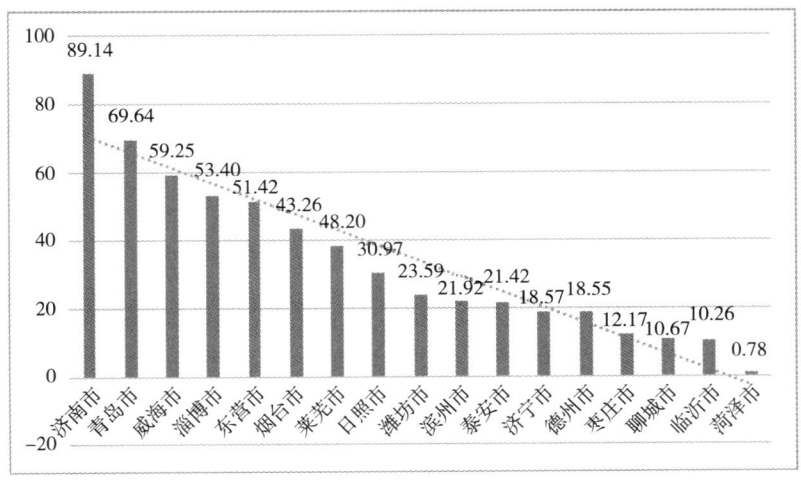

图 5-16　2018 年山东省各地区创新资源指数

济南、青岛创新资源水平较高，两市每百万人国家级科技企业孵化器数量分别为1.5个、2.05个，在全省分别排第四、三位；两市每万名就业人员中研发人员数分别为207人、156人，在全省分别排第一、二位；两市规模以上工业企业每万名就业人员中研发人员数分别为1315人、886人，在全省分别排第一、四位；两市每万人高等教育在校生人数分别为796人、412人，在全省分别排第一、二位；两市每百人互联网宽带接入用户数分别为38.77户、32.98户，在全省分别排第一、四位。

东营、烟台、潍坊、济宁创新资源水平相对偏低，四市每百万人国家级科技企业孵化器数量分别为2.32个、1.27个、0.75个、0.72个，在全省分别排第二、五、七、九位；四市每万名就业人员中研发人员数分别为104人、103人、60人、53人，在全省分别排第五、六、十一、十三位；四市规模以上工业企业每万名就业人员中研发人员数分别为360人、628人、431人、375人，在全省分别排第十六、六、十一、十四位；四市每万人高等教育在校生人数分别为181人、308人、230人、134人，在全省分别排第九、四、七、十一位；四市每百人互联网宽带接入用户数分别为36.25户、27.69户、23.82户、21.86户，在全省分别排第二、七、十一、十三位。与先进创新型城市相比，这几个城市均需进一步加大创新资源的支持力度。

（三）创新成果水平比较

比较山东省各地区创新成果指数（见图5-17）可以发现，青岛市创新成果指数最高（96.75），济南市位列第二（83.66），潍坊市位列第五（33.88），烟台市位列第六（32.99），东营市位列第七（26.17），济宁市位列第十一（10.94）。

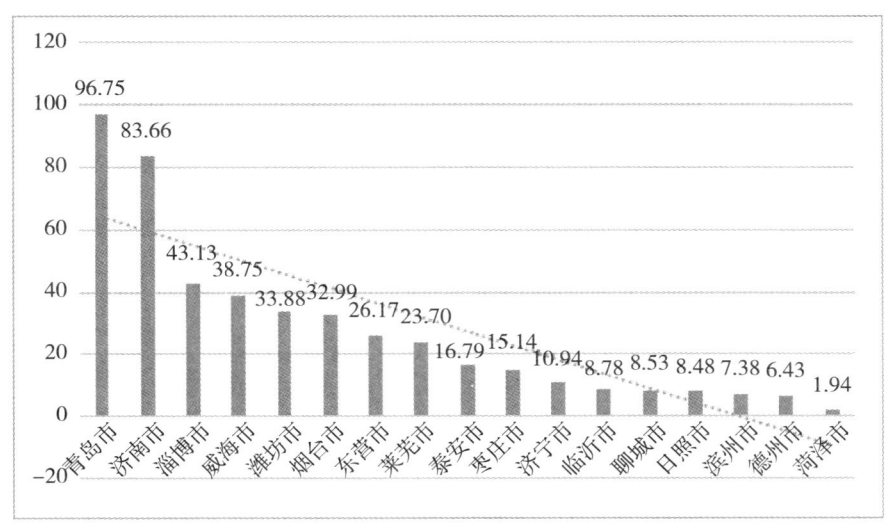

图 5-17 2018 年山东省各地区创新成果指数

青岛、济南创新成果水平较高，两市每万人有效发明专利拥有量分别为 23.97 件、25.58 件，在全省分别排第二、一位；两市每万元 GDP 技术合同成交额分别为 114.76 件、118.25 件，在全省分别排第二、一位；两市每百万人 PCT 国际专利申请量分别为 82.02 件、18.17 件，在全省分别排第一、四位；两市每万人发明专利申请量分别为 24 件、18 件，在全省分别排第一、二位；两市每万人发明专利授权量均为 7 件，在全省并列排第一位。

潍坊、烟台、东营、济宁创新成果水平相对偏低，四市每万人有效发明专利拥有量分别为 5.54 件、7.92 件、7.45 件、2.54 件，在全省分别排第八、六、七、十三位；四市每万元 GDP 技术合同成交额分别为 86.32 件、83.19 件、59.31 件、44.34 件，在全省分别排第四、五、九、十一位；四市每百万人 PCT 国际专利申请量分别为 22.96 件、5.92 件、6.5 件、0.96 件，在全省分别排第二、七、六、十二位；四市每万人发明专利申请量分别为 8 件、8 件、7 件、4 件，在全省分别排第四、五、七、十位；四市每万人发明专利授权量分别为 2 件、2 件、2 件、1 件，在全省分别排第四、五、六、十四位。与先进创新型城市相比，这几个城市均需进一步加大创新成果的产出力度。

(四) 创新效益水平比较

比较山东省各地区创新效益指数（见图5-18）可以发现，青岛市创新效益指数最高（72.31），济南市位列第二（71.37），烟台市位列第四（47.00），东营市位列第五（42.86），潍坊市位列第八（27.56），济宁市位列第九（22.04）。

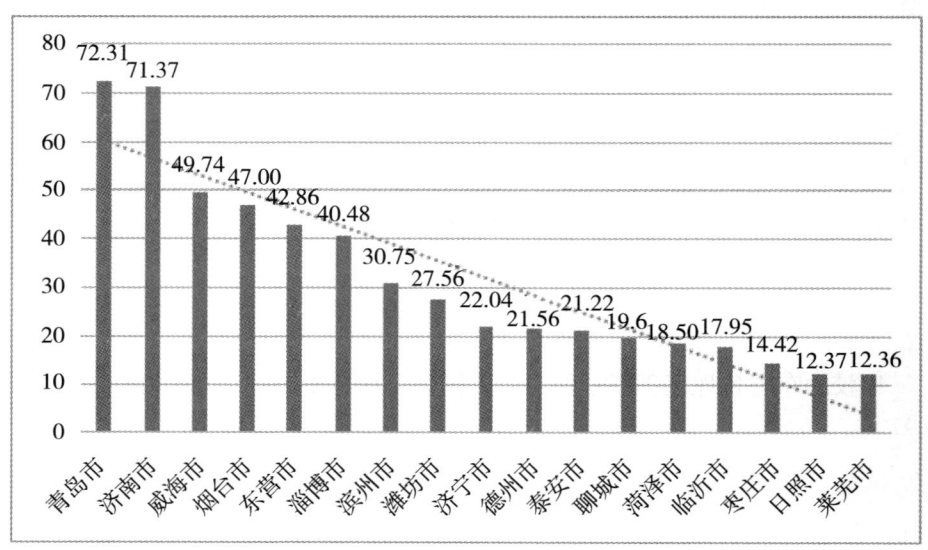

图5-18 2018年山东省各地区创新效益指数

青岛、济南创新效益水平较高，两市每百万人拥有高新技术企业数分别为219家、147家，在全省分别排第一、二位；两市高新技术产业产值占规模以上工业总产值比重分别为42.51%、45.12%，在全省分别排第二、一位；两市劳动生产率分别为4.96万元、2.87万元，在全省分别排第四、十四位；两市土地产出率分别为106.27%、98.23%，在全省分别排第一、二位；两市近5年万元GDP能耗平均下降速度分别为5.42%、10.20%，在全省分别排第十五、二位；两市近5年规模以上工业万元增加值能耗平均下降速度分别为7.35%、13.83%，在全省分别排第九、二位。

烟台、东营、潍坊、济宁创新效益水平相对偏低，四市每百万人拥有高新技术企业数分别为52家、69家、58家、38家，在全省分别排第八、四、

六、九位；四市高新技术产业产值占规模以上工业总产值比重分别为42.49%、36.18%、34.35%、30.87%，在全省分别排第三、五、七、十位；四市劳动生产率分别为6.25万元、13.18万元、3.47万元、2.24万元，在全省分别排第二、一、十二、十七位；四市土地产出率分别为56.49%、50.37%、38.08%、44.07%，在全省分别排第五、七、十二、十位；四市近5年万元GDP能耗平均下降速度分别为5.67%、3.71%、5.60%、5.48%，在全省分别排第十一、十七、十三、十四位；四市近5年规模以上工业万元增加值能耗平均下降速度分别为7.80%、3.75%、5.23%、8.31%，在全省分别排第八、十七、十六、六位。与先进创新型城市相比，这几个城市均需进一步提高创新效益水平。

（五）创新总体水平比较

比较山东省各地区创新总指数（见图5-19）可以发现，济南市创新总指数最高（79.47），青岛市位列第二（75.07），烟台市位列第五（52.04），东营市位列第六（38.82），潍坊市位列第七（35.21），济宁市位列第十三（26.79）。

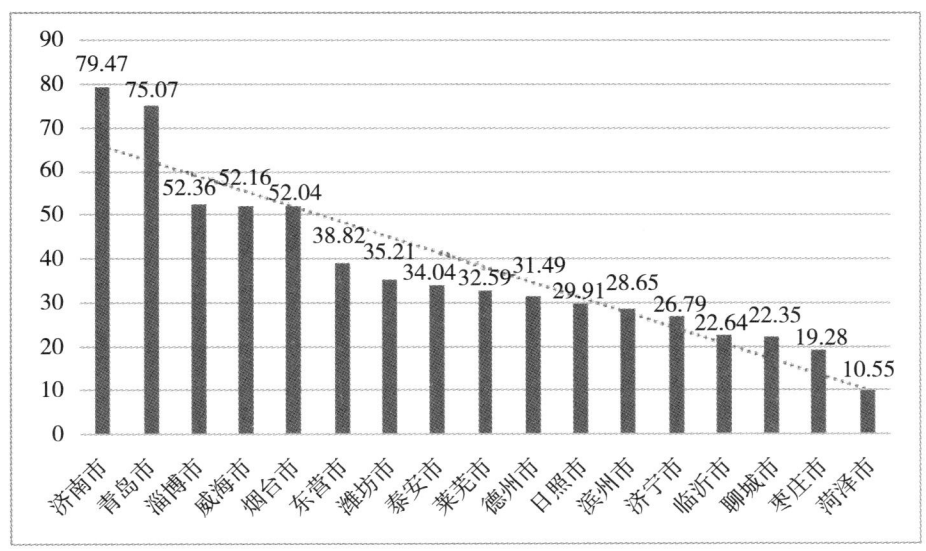

图5-19 2018年山东省各地区创新总指数

青岛、济南创新总体水平较高，其创新投入、创新资源、创新成果、创新效益水平均处于全省领先水平。烟台、东营、潍坊创新总体水平在全省处于前列，其创新投入、创新资源、创新成果、创新效益水平均相对较好。济宁市作为国家创新型城市建设试点，其创新总体水平在全省相对偏低，其创新效益在全省处于中等水平，但创新投入、创新资源、创新成果水平在全省处于下游，创新水平亟须进一步提升。

第六章

新旧动能转换下山东创新型省份建设路径

第六章
新旧动能转换下山东创新型省份建设路径

第一节 以创新驱动推动城市高质量发展

创新驱动已经成为我国经济增长的主要方式[①]，各地对创新要素争夺愈加激烈，创新要素的凝聚力更多要靠岗位、环境、报酬、预期等共同打造。大力实施科技创新是深入贯彻习近平新时代中国特色社会主义思想，深入落实习近平总书记视察山东重要讲话、重要指示批示精神，全面贯彻落实创新发展理念的重要战略，能够全面推动山东省新旧动能转换、"双招双引"、乡村振兴、科技扶贫等工作的顺利开展，有效促进山东省创新环境吸引力、创新资源聚合力、创新成果转化力的提升，持续为全省创新型城市建设提供强大支撑。

一、全面贯彻落实创新发展理念

全面贯彻落实创新发展理念，主要做好以下几方面工作。

一是强化党对创新发展工作的领导。及时组织学习中央关于创新发展的决策部署和省委创新发展的工作安排，提高党员干部崇尚创新、尊重创新、勇于创新的意识，积极引导全社会创新发展氛围。

二是完善创新政策体系。结合国家创新发展的形势要求，及时出台创新发展鼓励政策，完善相关政策体系。切实落实各级政府各部门出台的一系列创新政策，真正释放"政策红利"。

---

① 陈欣.创新驱动视域下福州市高新技术产业发展战略与对策研究[D].福州：福州大学，2018.

二、加快工作机制创新

山东省应认真贯彻落实创新型省份建设若干措施要求，深入实施创新驱动发展战略，加快推动制造业创新发展，着力构建山东特色的制造业创新体系，力促制造业新旧动能转换和创新型城市高质量发展。

应牢固树立"创新是第一动力"的思想，认真落实国家、省市创新发展工作部署，制定创新实施办法，每年度筛选确定一批创新事项，明确创新目标、责任单位，并组织实施，营造创新发展的浓厚氛围，把创新落实到具体工作中。

三、加快推动技术创新

加快推动技术创新，主要做好以下几方面工作。

其一，梯次培育创新载体。引导企业围绕山东省重点产业领域和前沿技术研发需求，与高校科研院所开展产学研合作，建设高水平研发机构。建立国家、省、市三级技术示范企业培育机制，引导和支持企业提高创新能力和水平。以现有重大企业技术创新平台为依托，积极争创国家、省制造业创新中心，重点打造产业链协同、产学研合作的国家级、省级制造业创新中心，使之成为支撑山东省重点行业创新发展的新型创新载体。

其二，实施重点创新项目。围绕提高制造业创新能力，每年制定出台创新项目导向计划，在创新平台建设、科技成果转化、新产品、新技术、新工艺等环节组织实施一批重点项目，引导企业在核心装备、系统软件、关键材料、基础零部件等关键领域创新突破。

其三，加强产学研联合。充分利用好山东省产学研展洽会、山东省产学研合作对接网上平台等产学研合作载体，组织企业在线发布人才需求、技术难题、项目合作等方面信息，寻找合作资源，建立更加完善的产学研协同创新网络，形成更加紧密的产学研协同创新格局[①]。加强与中国科学院、北京大学、清华大学、浙江大学、北京航空航天大学、北京理工大学等高等院校、科研院所合作，积极引进国内外先进创新资源，加快推进科技成果转化。

四、加快推动发展方式创新

加快推动发展方式创新，主要做好以下几方面工作。

其一，推进智能制造。以机械装备、石化盐化、汽车制造、纺织服装、食品加工、造纸包装、冶金建材等重点行业作为发展重点，实施智能制造标杆引领工程、智能制造示范试点工程，加快引进培育智能制造整体解决方案提供商，开展智能制造新产品（新技术）推介对接活动，加快山东省制造业智能化水平。

其二，开展高水平技改。利用3年的时间，持续引导推动山东省企业实施新一轮高水平技术改造，不断提高生产制造全过程的数字化、智能化、集约化、绿色化发展水平，加快促进全省产业高端高质高效发展。

其三，发展工业互联网。以深化工业应用为核心，以提升平台服务能力为重点，以推动项目建设为抓手，加快山东省工业互联网发展。重点抓好工业互联网基础设施、工业互联网平台、工业互联网试点示范、企业上云等工作，扎实推进全省工业互联网发展，深化"互联网+先进制造业"发展。

五、加快推动创新平台建设

加快推动创新平台建设，主要做好以下几方面工作。

其一，科学规划科技创新平台发展布局，全面推动平台建设。按照统筹规划、突出特色的原则，进一步强化全省科技创新平台发展的顶层设计和规

---

① 张密沙.基于QCA方法的汽车行业供应链协同创新与组织绩效关系研究[D].郑州：河南工业大学,2019.

划引导。坚持需求导向，突出重点，分步实施，确保科技创新平台健康有序地建设和发展，逐步完善以公共服务平台为基础、以企业研发平台为主体、以产业化平台为引领，布局合理、功能齐全、开放高效的科技创新平台体系。

其二，进一步优化科技平台创新环境①。进一步加大创新平台建设的政策支持力度，落实有关优惠政策，营造发展的良好环境。对科技创新平台优先推荐列入市级以上政策类支持计划，落实研究开发费用税前加计扣除有关政策。在财政预算中拿出专项经费，设立科技创新平台建设提升计划专项资金②，重点培育和支持科技研发平台实施科技创新项目。

其三，进一步深化产学研合作，全面搭建高校院所与企业合作的信息桥梁。进一步深化与中国科学院、国内著名高校等的合作，推动科研院所、高等院校重大科技成果在山东省转化和产业化，柔性引进科研院所、高等院校的高层次科技人才服务全省自主创新③。围绕绿色化工、新能源、节能环保、生物医药、农业及食品加工、农业装备制造等领域，充实完善企业高质量发展技术、人才需求和高校院所专家信息、科技成果信息库，主动对接省内和国内外知名高校院所，有效解决企业技术难题与合作需求。

六、加快推动高层次孵化载体建设

加快推动高层次孵化载体建设，主要做好以下几方面工作。

其一，着力建设高层次研发载体。支持各区县（市）、各级开发区新引进大院名校、企业集团和高层次人才团队在山东建设具有独立法人资格、符合山东省产业发展方向、引入核心技术并配置核心研发团队的高层次科研机构，对

---

① 吴忠市人民政府关于进一步加快食品企业科技创新发展的实施意见[N].吴忠日报，2020-03-24.
② 陈标新,徐元俊,罗明.基于粤港澳大湾区建设背景下的科技创新人才队伍建设研究：以东莞市为例[J].科学管理研究，2020（1）：133-138.
③ 曲福田.健全机制 搭好平台 全面推进苏南国家科技成果转移转化示范区建设[J].中国经贸导刊,2017（10）：35-37.

特别重大的项目，采取"一事一议"的方式给予重点支持。进一步落实发展众创空间、星创天地、科技企业孵化器，推进"大众创业、万众创新"的各项政策，全面执行国家级科技企业孵化器税收政策，支持社会力量在山东省建设更多的创新创业载体。

其二，进一步提升现有研发机构的产业源头作用和功能水平。推动衍生更多成果转化项目、产业化公司，全面形成新型载体研发、产业化同步开展的良性循环。鼓励支持以企业为主导的产学研联合体建设，更好地服务地方产业创新发展。以政府投资、企业化运作的建设模式为主，鼓励和支持高校、院所及龙头企业采用"研究机构、科技园区、产业基地"三位一体的运作方式，提高产业技术创新组织程度及效率，探索建设一批新型产业研发组织，围绕产业链部署创新链，开展应用研究、技术服务、标准固化、成果转化、人才集聚和产业规划。

其三，全面实施各级各类孵化平台改造提升工程。坚持质、量并举，大力促进孵化器、众创空间、星创天地、农科驿站、双创示范基地等创新型平台建设[1]，完善孵化器、众创空间管理服务体制机制，提升孵化能力。布局科技创新孵化平台，打造创业载体和"众创空间"，加强对孵化器建设的指导，建立孵化器合作联盟，探索建立市场化运营机制，形成中小型科技企业的培育基地。鼓励产业技术创新战略联盟、创新型试点企业、重点实验室等公共服务研发平台建设，为科研人员搭建资源共享空间。

其四，积极吸引科研、管理、金融、创业导师等各类人才来孵化载体创新创业，统筹抓好培育、孵化、加速、产业化等关键环节的保障和服务[2]。学习借鉴广州、成都等南方城市科技孵化体系建设成功经验，以培养市场主体和科技创新孵化载体为重点，完善"众创空间→科技企业孵化器→加速器→产业园区"全链条科技企业孵化育成体系。提升孵化载体在科技研发、科技金融、创业辅导、

---

[1] 青岛市政府.关于加快发展科技服务业的实施意见[EB/OL].http://blog.sina.com.
[2] 朱传果.区域创新系统国际化中政府角色研究[D].杭州：浙江工业大学,2019.

技术转移等方面的专业化服务水平,加快打造"大众创业、万众创新"的升级版。

第二节　新旧动能转换下创新型城市建设重点

山东省委、省政府召开了新旧动能转换重大工程动员大会,明确了山东省经济发展中的不足,也指明了创新型城市建设存在的问题,这种透过成绩看背后潜在的问题,找短板、补短板的思维,才真正有助于为区域经济发展找到明晰的路线图,也有利于为地方发掘出经济发展跃迁的新动能。在今后的发展中,必须突出问题导向和目标导向,找准差距,精准发力,加快提高自主创新能力,全面提升科技创新支撑新旧动能转换实力,推动创新型城市高质量发展。

一、推动区域综合创新能力提升

推动区域综合创新能力提升,主要做好以下几方面工作。

其一,全力推进国家创新型城市建设。紧紧围绕《山东省人民政府关于深化创新型省份建设若干措施的通知》要求,全面完成全社会研发经费投入强度、科技公共财政支出占比、万人发明专利拥有量、高新技术企业数量、地区生产总值增速、服务业增加值占比、全员劳动生产率等指标年度任务,推进全省创新指数提升。

其二,加强县域创新能力提升。大力实施科技强县工程,以建设创新型县(市)和创新型乡镇为有力抓手,围绕区域特色,增强品牌意识,提升创新水平,为全省创新发展打好基础,提供支撑。

其三,加快农业创新发展。围绕创新提升"三个模式",推进国家农业开放发展综合试验区建设。建设农业大数据平台等相关平台,加快轻度盐碱地现代果业发展,打造特色果品基地。

其四,推动地理标志运用创新提升。推动食品谷集团与地理标志产业协会、地理标志产业化企业共同构建"农品＋地理标志商标＋企业自主商标"的多层次品牌体系,打造地理标志产业高质量发展示范品牌。

其五,加快科技成果转移转化。强化创新资源争取,优化创新资源配置,加强基础研究和关键技术攻关,探索科技成果奖励的机制和办法,抓好转化平台和中介机构建设,打通从科研成果到现实生产力的"最后一公里",实现科技成果就地转化形成生产力。

其六,全面推进知识产权强省创建工作。重点围绕实施知识产权管理能力提升工程、大保护工程、运用促进工程、质量提升工程、发展环境建设工程"五大工程",全力抓好创建工作落实。全面建成知识产权保护中心,大力提升知识产权创造能力。

二、加快推动产业转型升级

加快推动产业转型升级,主要做好以下几方面工作。

其一,抓好新兴产业发展。重点围绕新旧动能转换,培育壮大新兴产业发展,积极抓好"专精特新"的科技型中小企业和"两群"企业培育。完善高新技术企业后备库建设,做强做大高新技术企业后备力量。加强重大关键共性技术的深度研发或引进转化,抢占产业发展制高点,以行业创新引领产业创新。

其二,促进高新技术产业发展。按照山东省高新技术企业倍增计划,加快培育发展高新技术企业。围绕山东省传统优势产业,加大"小升高"培育计划实施力度,实施"育苗造林"行动,大力发展数字化设计和制造、网络制造,促进高端装备、电子信息等优势产业向高端高质高效方向发展。加大对科技型中小微企业精准培育力度,完善高新技术企业后备库建设,做强做大高新技术企业后备力量。完善覆盖不同发展阶段的企业创新扶持政策体系，支持5G、自动驾驶、物联网技术等研发和应用。

其三，培育打造创新型企业集群。建立健全创新型企业培育机制，形成覆盖企业初创、成长、发展等不同阶段的政策扶持体系，打造层次分明、规模庞大的创新型企业集群。发展创新型领军企业，创新商业模式向新业态发展，实现转型升级。推动外资企业强化属地研发创新、融入区域创新体系，成为创新型企业集群有机组成部分。鼓励上下游企业搭建产业技术创新联盟，构建企业的集群式发展和全产业链的协同发展。

其四，以山东半岛国家自主创新示范区建设为契机，打造一批高水平特色产业基地与科技产业园。充分发挥高新区核心引领及示范带动作用，瞄准世界科技前沿，在体制机制、资源共享、科技金融、人才培养等方面率先突破。支持高新区开展关键核心技术研发、重大科技创新载体建设，完善科技服务体系，培育发展主导产业。结合全省产业科技创新布局，提升与新建一批新兴产业高度聚集、专业特色鲜明、产业创新能力强的特色产业基地与科技产业园，促进新兴产业和特色产业集聚集约发展。支持特色产业基地与科技产业园搭建科技服务平台、培育龙头骨干企业、完善产业上下游链条，加速集聚各类创新资源，为建设产业科技创新高地提供支撑。

其五，推进海洋强省建设。围绕经略海洋，组织开展涉海重大问题研究，研究提出促进海洋经济高质量发展的意见建议。探索建立各地市海洋生产总值核算体系，加快推进中国科学院大学·中丹科教中心、海洋生态修复示范工程，举办海洋与"一带一路"专题培训班，促进海洋科技创新能力转化为海洋经济发展优势。

三、加快科技平台质效建设

加快科技平台质效建设，主要做好以下几方面工作。

其一，进一步完善科技平台建设的规划布局。科技创新平台建设是一项系统工程，应坚持以资源整合为主线，以资源共享为目的，科学规划全市平台建设布局。在共性公共科技平台搭建上，应全省统筹、高点规划、高水平建设，围绕山东省主导产业，制定统一的建设发展规划。促进现有平台互联互通、资源共享，避免各自为战、重复建设。通过全省统一规划设计，构建起以公共服务平台为基础，以研发平台为引领，以产业化平台为主体，布局合理、功能齐全、开放高效的平台体系。

其二，进一步优化科技平台发展环境。应按照"政府支持平台，平台服务企业，企业自主创新"的原则，进一步加强组织领导，强化协调与服务职能，优化科技创新环境，将现有的优惠扶持政策落到实处。及时汇总国家政策动态等信息定期向企业发布，为企业提供信息支持。立足实际和产业基础，深化科技管理体制改革，研究出台强有力的扶持政策，探索、建立有利于促进创新资源优化配置和平台高效运行的管理模式。充分调动高校、科研院所、骨干企业的积极性，鼓励其开放大型仪器、实训场地等，参与科技创新平台建设。推动大学和科研院所等公共研究机构对企业开放，发挥科研院所的桥梁作用，帮助解决企业研发难题。平台建设要与生产结合、与企业结合，尤其要与民营企业结合，充分发挥其效益作用。

其三，进一步发挥企业主体作用。加快推动企业的技术创新工作，真正发挥平台在支持企业转型发展中的核心作用[1]。提高企业科技平台的内在质量，充分发挥企业技术中心、重点实验室的作用，积极研发具有自主知识产权的专利技术和产品，提高企业核心竞争力[2]。鼓励龙头企业牵头组建产业技术创新战略联盟，整合上下游优势资源，提升企业研发能力和水平。支持企业在海外和国内一线城市设立研发中心，有效吸纳国际尖端人才，直接跟踪全球创新研

---

[1] 袁伟.技术创新视角下的资源型城市经济转型[D].济南：山东大学,2007.
[2] 刘玉洁,张昕雨.荆门市战略性新兴产业创新生态系统发展现状和优化建议[J].中国集体经济,2020（5）：12-13.

发方向，吸收借鉴国内外先进的管理理念，加快创新平台建设步伐。

其四，进一步拓宽科技平台投融资渠道。建立以财政资金为导向，吸引社会资本投入的多元化、多渠道的投资体系。引导企业规范财务制度，建立能够享受税收等优惠政策财务账簿，保障企业平台建设的资金投入。大力整合产业类专项资金，明确财政资金扶持的方向和领域，加大对科技基础平台和公益性研发平台建设的投入，重点支持技术含量高、市场前景好，可能形成新的经济增长点的新兴战略性产业项目的研发。扩大科技发展基金，加强与各类基金及金融机构合作。引导创投基金、风投基金和其他社会资本向科技型中小企业投资，多举措解决资金瓶颈问题。

其五，加大科技型企业孵化培育力度。鼓励孵化器提质增效，培育更多高新技术企业。根据科技型中小企业不同行业、不同规模、不同发展阶段的需求，采取创业引导、项目资助、科技金融服务等形式给予扶持。加大培育核心技术领先、集成创新能力强、引领产业发展的创新型企业，建立企业研发准备金制度。引导企业有计划、持续地增加研发投入，支持企业强化知识产权运营，全面推进科技型中小微企业专利权质押保险贷款工作。

四、完善金融创新体系

完善金融创新体系，主要做好以下几方面工作。

其一，创建国家产融合作试点城市。建立政府、企业、金融机构对接合作机制，完善产业链金融服务。创新基金组合形式，形成政银企合作、产业与金融良性互动、和谐发展的新格局。总结试点成果，形成示范推广经验。

其二，探索构建小微企业融资风险分担体系。出台城区小微企业融资增信办法，搭建市场化保险、政策性担保为基础，风险缓释、风险补偿为支撑的小微企业融资保障多层架构，建立金融机构想贷、敢贷、愿贷的长效增信支持机制，助推破解小微企业融资难题，优化创新创业融资环境。

其三，创新基金运作机制。出台市级新旧动能转换引导基金参股县（市、区）政府设立基金有关政策，支持以县（市、区）为主设立基金，实现精准投资、招商。借鉴外地先进经验，探索适合产业发展的投融资机制，支持重点产业园建设，为"双招双引"项目落地提供强有力支撑。出台优化基金设立程序和投放机制有关政策，推动基金加快落地，更好发挥支持"双招双引"和新旧动能转换的作用。

五、抓好民生领域创新服务

抓好民生领域创新服务，主要做好以下几方面工作。

其一，创新建设智慧型医疗卫生服务体系。通过建设"健康医疗云"和"诊疗一卡通"两大平台，开展"互联网＋护理"试点和人工智能、精准医疗应用试点，建成全市远程医疗服务体系等措施，创新建设智慧型医疗卫生服务体系，进一步提高居民看病就医的获得感、满意度和安全感。

其二，创新不动产登记服务模式。推行"互联网＋"不动产登记、"不见面审批"和延伸服务，实现主要登记类型市区"同城通办"、就近能办、多点可办，最大限度满足企业和群众的办事需求，提升便民、利民、惠民水平。

其三，创新教育惠民服务。创新队伍管理、育人方式、考核评价、治理体系等体制改革，促进教育规范化运行。完善市县校三级教育惠民服务联动机制，加强校级惠民服务站建设。实施校园安全建设提升工程，确保教育系统安全稳定。创新产教融合，推动职业院校与产业转型升级和供给侧结构性改革相适应，专业链与产业链相衔接。

六、加强创新人才支撑

加强创新人才支撑，主要做好以下几方面工作。

其一，有效实施人才强省发展战略，补齐高端人才不足短板。做好超前规划和发布纳才信息，有效解决人才供需双方信息不对称的矛盾，达到聚才效果。健全完善"分类引才"实施方案，实现招聘方与应聘方双向选择，达到以岗招才、高岗留才效果。深入开展招院引校工作，建立健全现代大学制度，形成政府与社会多元投入、利益各方参与治理的新机制，依靠体制创新打造招院引校新优势。政策助力人才实现职业生涯规划，有效实施优秀专业技术人才激励计划。

其二，培育引进高层次领军人才。围绕省、市产业领军人才工程建设，充分发挥企业主体作用，坚持"引进和培育、申报和管理"并重的原则，扎实做好高层次产业领军人才引进和培育工作。支持企业与海内外"高、精、尖"技术领军人物和科研团队合作，吸引更多海外高端人才来山东省创新创业。积极促进高层次、高技能领军人才的培育和引进。通过举办山东省制造业高层次人才对接洽谈等活动，精准引进高端产业人才，支撑全省制造业新旧动能转换和高质量发展。

其三，深入实施产学研合作，加大人才引进培养力度。全方位开展与重点高校院所的深层次合作，建立科技创新平台引进和培养科技人才，科技人才提升创新平台研发水平的良性发展机制。加大产学研合作平台建设，通过招院引所在当地建设分支机构，依托平台引进人才团队；实施产学研合作创新项目计划，通过联合承担省级以上科研计划留住人才。

其四，引导企业注重科技人才的培养。将科技人才的利益与企业的发展前景紧密联系起来，通过股权期权等方式，建立风险共担、利益共享的机制，营造干事业、出成果、得效益、获荣誉的科研环境，为科技人才发挥其创新潜能提供制度保障。高等院校应根据市场和企业需求，完善课程体系设置，培养培训高层次创新实用人才。健全人才市场服务体系，为人才合理的流动提供保障。

其五，加强科技人才金融服务创新。探索设立市级人才创新创业基金，优化"人才投""人才贷""人才保"等扶持方式，解决种子期、初创期人才项目融资难题。建设人力资源服务产业园，加大各类人才中介服务机构引进培育力度。发挥各类招才引智工作站的引才作用。深化党委联系服务专家制度，经常性开展人才慰问、休假、研修等活动，强化对人才的政治引领和团结凝聚。

第三节　新旧动能转换下创新型城市建设保障

一、加强创新型城市建设统筹保障

加强创新型城市建设统筹保障，主要做好以下几方面工作。

其一，促进科技与金融深度结合。加强与各大银行的协作配合，将当地优势项目和企业积极推荐给银行，推动银行加大对科技型中小微企业贷款力度，着力解决科技型中小微企业"轻资产、贷款难"问题[1]。拓宽科技型企业融资渠道，创新科技信贷模式，支持商业银行设立科技银行，开展针对科技型中小微企业的融资服务。依托金控集团，运作好国信创投基金，加强与国家、省级创新引导基金联动，逐步扩大各类创新基金规模。依托山东省科技型中小微企业信息库，助推科技型中小企业在齐鲁股权"科技板"挂牌融资。

其二，调整优化市以下财政体制。理顺市级以下财政分配关系，适度提高市级调控能力，推动提升中心城区首位度，增强引领带动作用，更高层次引导各地加快新旧动能转换，提高基本公共服务均等化水平。同时，规范中心城区部分行业收入分配办法，降低不必要政策性支出，推进市场资源正常合理流动，促进创新型城市高质量发展。

---

[1] 魏尧.高举创新大旗　汇聚创新力量　加快创新型城市建设步伐[J].安徽科技，2016（11）：9-11.

其三,积极营造创新创业氛围。充分利用电视、报刊、网站、微信等平台,大力宣传科技创新的典型经验、先进成果、创新举措、创业典型。鼓励思路创新、方法创新、技术创新、服务创新[①],积极倡导勇于创新、宽容失败的创新文化。支持各类机构、民间组织开展创新活动,鼓励金融机构、科技中介公司针对科技型企业开展形式多样、优质高效的科技服务,全面激发各类主体的创新热情,打造人人关注创新、人人支持创新、人人参与创新的良好局面,营造全社会积极创新、勇于创造的浓厚氛围。

其四,强化创新发展软环境保障。加大科技创新相关政策落实的督导力度,确保高新技术企业税收减免、企业研发费用税前加计扣除等各项政策不折不扣落到实处。积极推进科技系统业务工作流程再造,简化服务环节,提高服务质量,着力为创新发展提供"一站式""保姆式"服务。推进创新发展事项"放管服"改革,梳理"一次办好"事项,建立并公开山东省人才服务专员"一次办好"服务清单等。

二、加强创新型城市建设工作保障

加强创新型城市建设工作保障,主要做好以下几方面工作。

其一,建立重大事项会商机制。实行集体讨论重大问题的会议制度,统筹协调全市创新发展中的矛盾和问题,研究推进创新发展的措施办法。发挥创新委员会组织协调作用,优化创新发展顶层设计,定期召开会议,研究解决创新型城市建设中的科技创新问题。建立健全协调推进机制,对照目标任务,建立责任分工,细化工作方案,加强工作调度和推进,确保完成创新型城市建设的各项任务。加大考核力度,定期对三年行动方案的各项目标完成情况进行考核,奖优罚劣,确保行动方案落地见效。

---

① 陈欣.创新驱动视域下福州市高新技术产业发展战略与对策研究[D].福州:福州大学,2018.

其二，强化组织保障。强化对创新型城市建设工作的组织领导，进一步增强政治意识、大局意识、核心意识、看齐意识，自觉在思想上、政治上、行动上同党中央保持高度一致[①]。加强党建工作，深化"两学一做"学习教育成果，持之以恒强化政治教育和理论武装，提升党员干部的思想觉悟和理论水平。抓好机关组织生活，落实好"三会一课"、民主生活会、民主评议党员、谈心谈话等制度，锻造坚强过硬的党员队伍、干部队伍，确保为完成各项工作任务提供坚强的组织保障。

其三，强化作风保障。把作风建设作为推动业务工作的重要手段，抓长、抓细、抓常。弘扬廉洁精神，落实全面从严治党主体责任，认真履行"一岗双责"，合法使用专项资金，规范运行科技项目，确保科技工作阳光运行。弘扬进取精神，紧盯科技发展前沿，勇于向杭州、苏州等先进地区对标、超标，争当各项工作的排头兵。弘扬务实作风，强化基层和群众导向，加强基层调查研究，切实以企业发展需求为出发点设计开展工作，全力为推动企业发展壮大、转型升级提供优质服务。弘扬担当精神，强化责任意识、服务意识，勇于在急难险重工作中迎难而上、主动作为。

其四，强化机制保障。健全工作机制，理顺业务分工，明确工作责任，做到责权分明。健全协调机制，畅通与上下级部门之间、同级各部门之间以及系统内部各业务科室之间的协调配合，建立良好的信息共享、政策互通和工作支持机制，提高工作效率。健全督导机制，把重点指标纳入全省科学发展综合考核体系，针对重点任务列好推进计划、定出时间节点、明确责任人员，定期督导调度、通报曝光。将重点工作推进情况作为项目安排、指标分配、评先树优的重要依据，以激励促激情，以项目促工作，以行动促落实。

---

① 吴永祥. 我国研究型大学教师能力建设研究[D]. 南京：南京航空航天大学，2018.

三、加强创新型城市建设考核监督

加强创新型城市建设考核监督，主要做好以下几方面工作。

其一，实施工作分解。科学编制创新体系的工作实施计划，分类推进工作开展，有侧重点地将工作列入年度工作计划，实施梯度执行方案，加强工作落实。针对实践产业发展新方式、创新创业体系建设等工作，对具体建设创新工程责任单位和进度安排进行合理的落实规划，强化政策落实与先行先试。

其二，落实部门责任，实施动态考核。对创新型城市建设任务进行逐项分解，按照行动计划任务要求，进一步明确牵头部门和协办部门责任，落实各项工作责任主体，建立动态考核机制，监测工作进程和指标完成情况。将建设创新型城市重要指标纳入市直各部门和县区党政领导班子绩效考核的重要内容，形成推动科技创新的强大合力，定期对创新型城市建设任务进展情况进行督导检查。

其三，健全评价考核各项制度，保障考核体系运行。建立创新绩效评价机制，引入第三方评估机制，定期对山东省创新能力进行监测评价，引导形成长期激励机制。强化推进措施，进一步强化要素保障，创新工作方式，加大统筹调控力度，创新实行扁平化管理，积极强化向上沟通，实行精准考核，快速高效推进各项工作，确保各项工作落实落地。

参考文献

［1］HALL P. Cities in civilization［M］.London: Pantheon, 1998.

［2］NEU S C,CRAWFORD K L,TOGA A W.Sharing Data in the Global Alzheimer's Association Interactive Network［J］.Neuro Image, 2016（124）:1168–1174.

［3］STEVE LOHR.The Age Of Big Data［N］.The New York Times, 2012–02–11.

［4］ANDREW M A,ERIK B.Big data:The Management Revolution［J］.Harvard Business Review, 2012（10）:60–6, 68, 128.

［5］LANDRY C.The creative city:A toolkit for urban innovators［M］.London: Comedia and Earthscan Publications Ltd, 2000.

［6］SIMMIE J.Innovative cities［M］.London/New York:Spon Press, 2001.

［7］HOSPERS G.Creative cities in Europe:Urban competitiveness in the knowledge economy［J］.Intereconomics, 2003, 38（5）:260–269.

［8］KATZ B.What Should the Role of the Federal Government Be in Supporting Innovation Districts［R］.Research–Paper, 2014.

［9］KATZ B, VEY J S,WAGNER J.One year after:Observations on the rise of innovation districts［R］.Brookings–Paper, 2015.

［10］BRUCE KATZ, JULIE WAGNER. The rise of innovation districts:A new geography of innovation in America［R］.Brookings Institution，2014.

［11］LUNDVALL B.National system of innovation:Towards a theory of innovation and interactive learning［M］.London:Printer, 1992.

[12] CLARK J, HUANG H-I, WALSH J P. A typology of 'innovation districts': What it means for regional resilience [J] .Cambridge Journal of Regions, Economy and Society, 2010, 3（1）:121-137.

[13] KATZ B,WAGNER J.The Rise of Innovation Districts:A New Geography of Innovation in America [R] .Brookings Institution Metropolitan Policy Program, 2014.

[14] ASHEIM B, HANSEN H.Knowledge bases, talents, and contexts on the usefulness of the creative class approach in Sweden [J] .Economic Geography, 2009, 85（4）:425-442.

[15] CASTELLS M, HALL P.Technopolis of the world:The making of 21 century industrial complexes [M] .New York:Routledge, 1994.

[16] COOKE P.Regional innovation systems:The role of governance in the globalized world [M] .London:UCL Press, 1996.

[17] FLORIADA R.The rise of the creative class [M] .New York:Basic Books, 2002.

[18] FRIED H O,LOVELL C A K,SCHMIDT S S，et al.Accounting for environmental effects and statistical noise in data envelopment analysis [J] .Journal of Productivity Analysis, 2002, 17:157-174.

[19] LANOIE P,PATRY M.Environmental Regulation and Productivity:New Findings on the Porter Hypothesis [R] .Working Paper, 2001.

[20] CHARNES A,COOPER W,RHODES E.Measuring the Efficiency of Decision Making Units [J] .European Journal of Operational Research, 1978, 2（6）: 429-444.

[21] PORTER M E.America's Green Strategy [J] .Scientific American, 1991（4）:168.

[22] LANJOUW,MODY A.Innovation and the International Diffusion of Environmentally Responsive Technology [J] .Research Policy, 1996, 25（4）:549-571.

[23] FLORIDA R.The Rise of the Creative Class:And How It's Transforming Work, Leisure, Community and Everyday Life[J].The Washington Monthly, 2002, 34（5）:15-25.

[24] DENISON E F.Accounting for Slower Economic Growth:The United States in the 1970s[J].Southern Economic Journal, 1981, 47（4）:1191-1193.

[25] GRAY W B.The Cost of Regulation:OSHA, EPA and the Productivity Slowdown[J].American Economic Review, 1987, 77（5）:998-1006.

[26] LANDRY C,BIANCHINI F.The creative city[M].London:Demos,1995.

[27] SCOTT A J.Creative cities:Conceptual issues and policy questions[J].Journal of Urban Affairs, 2006, 28（1）:1-17.

[28] FLORIDA R.The rise of the creative class-and how it is transforming leisure, community and everyday life[M].New York:Basic Books, 2002.

[29] PASKALEVA K, COOPER I.Open innovation evaluation for Internet-enabled services in smart cities[J].Technovation, 2014, 9（7）:871-887.

[30] SEIFORD L M, ZHU J.Profitability and marketability of the top 55 US commercial banks[J].Management Science, 1999, 45（9）:1270-1288.

[31] ZHU J.Multi-factor performance measure model with an application to fortune 500 companies[J].European Journal of Operational Research, 2009, 123（1）:105-124.

[32] KAO C, HWANG S N.Efficiency decomposition in two-stage data envelopment analysis:An application to non-life insurance companies in Taiwan[J].European Journal of Operational Research, 2008, 185（1）:418-429.

[33] LUO X.Evaluating the profitability and marketability efficiency of large banks:An application of data envelopment analysis[J].Journal of Business Research, 2003, 56:627-635.

[34] SEXTON T R, LEWIS H F.Two-stage DEA:An application to major league

baseball［J］.Journal of Productivity Analysis, 2003, 19（2-3）:227-249.

［35］BIANCHINI F, LANDRY C.The creative city［M］.London:Comedia, Demos, 1995.

［36］DENNIS A RONDINELLI. National Innovation Systems:A Comparative Analysis［M］. New York and London:Oxford University Press, 1993.

［37］邓丽丽.构建沈阳创新型城市的对策建议［J］.财经界，2018（25）:102-104.

［38］卡萝塔·佩雷斯.技术革命与金融资本［M］.田方萌等，译.北京：中国人民大学出版社，2007.

［39］何向武，周文泳，尤建新.产业创新生态系统的内涵、结构与功能［J］.科技与经济，2015（4）：55-59.

［40］张仁开.从科技管理到创新治理：全球科技创新中心的制度建构［J］.科技创新中心，2016（6）：77-82.

［41］许春芳，网络经济发展机理［J］.工业技术经济，2007（2）：112-114.

［42］张红.创新型城市评价指标体系研究［J］.会计研究，2010（10）:19-24.

［43］柳瑞禹，邱丹.创新型城市评价指标体系的实证研究:基于相关性分析［J］.技术经济，2010，29（1）:29-34.

［44］李应博，朱慧勇.新城市主义视角下城市成长与产业创新协同发展研究［J］.城市发展研究，2013，20（7）:20-23.

［45］钟书华.创新集群与创新型国家建设［J］.科管理研究，2007，25（6）:1-5.

［46］邢超.创新链与产业链结合的有效组织方式：以大科学工程为例［J］.科学学与科学技术管理，2012，33（10）:116-120.

［47］陈天荣.嘉兴创新型城市建设研究［M］.重庆：重庆大学出版社.2016.

［48］丁生喜，王晓鹏.城市化进程中青海省区域创新能力评价研究［M］.北京：中国经济出版社.2016.

［49］王关义.资源型城市低碳经济发展研究：以内蒙古为例［M］.北京：经

济管理出版社，2016.

[50] 谭思明.青岛城市创新指数研究[M].青岛：中国海洋大学出版社，2016.

[51] 何刚，衡连伟.创新型人力资本与产业结构转型升级[M].合肥：中国科学技术大学出版社，2016.

[52] 中共宁夏回族自治区委员会党史研究室，宁夏回族自治区财政厅，宁夏回族自治区国税局，等.宁夏财税改革与发展史研究[M].银川：宁夏人民出版社，2016.

[53] 施航华.城市基础设施建设投融资理论与实践创新[M].天津：南开大学出版社，2016.

[54] 九三学社江苏省委员会.科技创新与促进江苏绿色制造发展[M].南京：东南大学出版社，2016.

[55] 共青团上海市委员会，中共上海市科学技术工作委员会.科技创新与当代青年 2015 上海青年发展报告[M].上海：上海人民出版社，2016.

[56] 廖鸿.中国社会组织理论研究文集[M].北京：中国社会出版社，2016.

[57] 本书编委会.苏州工业园区人才软环境建设[M].北京：党建读物出版社，2016.

[58] 王京生.文化流动与文化创新报告[M].广州：广东人民出版社，2016.

[59] 陈振明.国家治理转型的逻辑公共管理前沿探索[M].厦门：厦门大学出版社，2016.

[60] 吴新开，刘德顺.面向"两型社会"的高等工程教育[M].长沙：中南大学出版社，2016.

[61]《美术大观》编辑部.中国美术教育学术论丛美术与设计理论卷[M].沈阳：辽宁美术出版社，2016.

[62] 王荣华.新智库的探索与实践[M].上海：上海人民出版社，2016.

[63] 人民日报社理论部.人民日报理论著述年编 2015[M].北京：人民日报

出版社，2016.

[64] 唐一科.重庆民办高等教育改革创新与实践论文集［M］.重庆：重庆大学出版社，2016.

[65] 黄玲.深圳年鉴2016［M］.深圳：深圳年鉴社，2016.

[66] 吴季松.生态文明建设［M］.北京：北京航空航天大学出版社，2016.

[67] 屠启宇，李健.国家战略中的上海科技创新中心城市建设理论模式与实践［M］.上海：上海社会科学院出版社，2017.

[68] 滦南县地方志办公室.滦南年鉴2014—2015［M］.北京：中国文史出版社，2017.

[69] 连玉明，朱颖慧.贵阳蓝皮书贵阳城市创新发展报告No.2观山湖篇2017版［M］.北京：社会科学文献出版社，2017.

[70] 何兴强，何杨平.金融创新与广州创新型城市建设研究［M］.北京：科学出版社，2017.

[71] 侯风华，赵国杰.我国东部省市的区域创新能力评价研究［J］.科学管理研究，2008，26（2）:21-23.

[72] 官建成，刘顺忠.区域创新机构对创新绩效影响的研究［J］.科学学研究，2003，21（2）:210-214.

[73] 马秀贞，马达.基于DEA的城市科技投入产出相对效率分析与评价：以青岛市为例［J］.青岛科技大学学报，2014，30（2）:9-13.

[74] 周纳.创新型城市建设评价体系与评价方法探讨［J］.统计与决策，2010（9）:21-23.

[75] 李靖华，吕艳薇，常晓然.杭州创新型城市建设政策演变分析［J］.中国科技论坛，2012（8）:114-120.

[76] 王晓珍，吉生保，崔新健，等.基于DEA交叉效率的R&D效率评价和资源配置研究：以区域高技术产业为例［J］.科技管理研究，2012（17）:115-120.

[77] 李金生，李晏墅，周燕．基于技术创新演进的高技术企业内生文化模型研究［J］．中国工业经济，2009（5）:108-118．

[78] 吴卫红，杨婷，张爱美，等．创新资源集聚对区域创新绩效的溢出效应：高校与高技术产业对比研究［J］．科技进步与对策，2017，34（17）:40-45．

[79] 石忆邵．创意城市、创新型城市与创新型区域［J］．同济大学学报：人文社科版，2008，19（2）:20-25．

[80] 陈劲，宋建元，葛朝阳．试论基础研究及其原始性创新［J］．科学学研究，2004，22（3）:317-321．

[81] 陈雅兰，郭伟锋．原始性创新的外部效应及其控制［J］．科学学研究，2006，24（4）:612-617．

[82] 刘小花，高山行．原始性创新触发机制研究：基于实践团体及其嵌入网络的视角［J］．科学学研究，2013，31（3）:430-436．

[83] 陈雅兰，李必强，胡继灵．原始性创新的协同理论观［J］．科学学与科学技术管理，2005，26（1）:59-62．

[84] 陈劲，汪欢吉．国内高校基础研究的原始性创新：多案例研究［J］．科学学研究，2015，33（4）:490-497．

[85] 代明，张晓鹏．基于DEA的中国创新型城市创新绩效分析［J］．科技管理研究，2011（6）:6-9．

[86] 尤建新，卢超，郑海鳌，等．创新型城市建设模式分析：以上海和深圳为例［J］．中国软科学，2011（7）:82-92．

[87] 曹树金，吴育冰，韦景竹，等．知识图谱研究的脉络、流派与趋势：基于SSCI与CSSCI期刊论文的计量与可视化［J］．中国图书馆学报，2015（5）:16-34．

[88] 陈悦，陈超美，胡志刚，等．引文空间分析原理与应用:Citespace实用指南［M］．北京:科学出版社，2014．

[89] 杨冬梅，赵黎明，闫凌州．创新型城市：概念模型与发展模式［J］．科

学学与科学技术管理，2006（8）:97-101.

[90] 杜辉."创新型城市"的内涵与特征[J].大连干部学刊，2006（2）:10-12.

[91] 李英武.国外构建创新型城市的实践及启示[J].前线，2006（2）:49-51.

[92] 石忆邵，卜海燕.创新型城市评价指标体系及其比较分析[J].中国科技论坛，2008（1）:22-26.

[93] 杨华峰，邱丹，余艳.创新型城市的评价指标体系[J].统计与决策，2007（11）:68-70.

[94] 张玉利，于好.创新型城市理论研究探索[J].商业时代，2009（5）:108-109+90.

[95] 魏江，刘怡，胡胜蓉.基于主成分分析法的创新型城市评价研究[J].湖南大学学报：社会科学版，2009（3）:53-58.

[96] 刘凤朝，沈能.基于专利结构视角的中国区域创新能力差异研究[J].管理评论，2006（11）:43-47+64.

[97] 李杰，陈超美.Cite Space:科技文本挖掘及可视化[M].北京：首都经济贸易大学出版社，2016.

[98] 姜春林，陈玉光.CSSCI数据导入Bibexcel实现共现矩阵的方法及实证研究[J].图书馆志，2010（4）:58-63+42.

[99] 胡树华，牟仁艳.创新型城市的概念、构成要素及发展战略[J].经济纵横，2006（8）:61-63.

[100] 吴传清，龚晨.创新型城市评价指标体系设计：回顾与展望[J].统计与决策，2016（7）:68-71.

[101] 周纳.创新型城市建设评价体系与评价方法探讨[J].统计与决策，2010（9）:21-23.

[102] 王晓珍.创新型城市创新能力评价指标体系研究[D].秦皇岛：燕山大学，2012.

[103] 胡钰.创新型城市建设的内涵、经验和途径[J].中国软科学，2007（4）:

32-38+56.

[104] 白永秀, 赵勇. 创新型城市的内涵及模式选择[J]. 改革, 2006（10）:107-112.

[105] 何颖. 创新型城市构成要素与模式探析[J]. 商场现代化, 2007（8）:228-229.

[106] 胡税根, 万洪浩. 生态城市视角下创新型城市研究:以江苏省清河新区生态城市模式创新为例[J]. 科技进步与对策, 2015（15）:42-48.

[107] 喻金田, 陈媞. 荷兰埃因霍温创新型城市建设经验及启示[J]. 科学学与科学技术管理, 2012（11）:46-51.

[108] 詹正茂, 田蕾. 新加坡创新型城市建设经验及其对中国的启示[J]. 科学学研究, 2011（4）:627-633.

[109] 王程韡. 反思创新型城市:以印度硅谷班加罗尔为例[J]. 科学学研究, 2011（4）:634-640.

[110] 韩宇. 独特的创新型城市发展道路:美国奥斯汀和北卡研究三角地区高技术转型研究[J]. 世界历史, 2009（2）:14-24.

[111] 汤进. 创新型城市的建设途径:日本川崎市的经验和启示[J]. 上海经济研究, 2009（7）:88-96.

[112] 辜胜阻, 杨嵋, 庄芹芹. 创新驱动发展战略中建设创新型城市的战略思考:基于深圳创新发展模式的经验启示[J]. 中国科技论坛, 2016（9）:31-37.

[113] 沈能, 刘凤朝. 高强度的环境规制真能促进技术创新吗:基于"波特假说"的再检验[J]. 中国软科学, 2012（4）:49-59.

[114] 毛艳华, 姚华松. 创新型城市理论研究的发展[J]. 城市观察, 2014（3）:173-185.

[115] 倪鹏飞. 全球城市竞争力报告[M]. 北京:社会科学文献出版社, 2008.

［116］方创琳，马海涛，王振波，等.中国创新型城市建设的综合评估与空间格局分异［J］.地理学报，2014（4）.

［117］袁晓辉.科技城规划：创新驱动新发展［M］.北京：中国建筑工业出版社，2017.

［118］朱凌，陈劲，王飞绒.创新型城市发展状况评测体系研究［J］.科学学研究，2008（1）:215-222.

［119］张静晓，李慧.城市创新发展路径基于特色资源、空间结构、主导功能视角［J］.工程管理学报，2012，26（3）:46-50.

［120］方创琳，马海涛，王振波，等.中国创新型城市建设的综合评估与空间格局分异［J］.地理学报，2014，69（4）:459-473.

［121］徐强，马运来，潘雄锋.城市创新效率的Malmquist指数测算及差异分析［J］.科技与经济，2009，22（3）:77-80.

［122］胡子玉.城市化对技术创新的影响研究：以创新型城市为例［D］.合肥：中国科学技术大学.2015.

［123］宋锐.投身"大扶贫"拥抱"大数据"：贵州农信充分发挥脱贫攻坚金融主力军作用［J］.当代贵州，2017（09）:52-53.

［124］张建涛，王洋，刘力钢.大数据背景下智慧旅游应用模型体系构建［J］.企业经济，2017（05）:116-123.

［125］连镇殿，连昕.大数据背景下城市公共信用信息平台建设研究［J］.宏观经济管理，2017（02）:59-61.

［126］周健.共享发展：正确处理公平与效率关系的必然逻辑［J］.重庆交通大学学报：社会科学版，2017（02）:6-13.

［127］曾健欣.落实共享发展是社会主义本质要求［J］.延边党校学报，2017（01）:26-29.

［128］刘雅静.全民共建共享的社会治理格局如何构建［J］.领导科学，2017（12）:20.

[129] 王琛伟，刘现伟.辽宁装备制造业转型发展的思考［J］.宏观经济管理，2017（09）:86-92.

[130] 陈潭.大数据战略实施的实践逻辑与行动框架［J］.中共中央党校学报，2017（02）:19-26.

[131] 朱卫东，张超，吴勇.大数据与"五位一体"的国家战略应用布局［J］.毛泽东邓小平理论研究，2017（03）:8-14.

[132] 魏后凯，檀学文，刘建进.大扶贫：贵州创建扶贫开发攻坚示范区模式研究［J］.贵州社会科学，2017（07）:148-154.

[133] 岳振，谭仕伦.使创新成为贵阳"十三五"主旋律最强音：贵州省委常委、贵阳市委书记陈刚谈打造创新型中心城市战略蓝图［J］.当代贵州，2016（08）:21-25.

[134] 刘文新.全力打造创新型中心城市：加快实现贵阳经济社会发展历史性新跨越［J］.当代贵州，2016（08）:26-29.

[135] 周靖.应用大数据推动中国城市社区治理的新探索：以贵阳市白云区的实践探索为例［J］.经营管理者，2017（11）:289.

[136] 陆艺，尹昌应，黄娅.大数据时代贵州省智慧旅游发展现状及对策［J］.贵州农业科学，2017（04）:157-162.

[137] 周涛.大数据1.0版本、2.0版本和3.0版本颠覆性变化下的商业革命［J］.人民论坛，2013（15）:24-25.

[138] 俞立平.大数据与大数据经济学［J］.中国软科学，2013（07）:177-183.

[139] 李星洲，李海波，沈如茂，等.我国政产学研合作的新型组织模式研究：以山东省临沂市科学技术合作与应用研究院为例［J］.科技进步与对策，2012，29（22）:26-29.

[140] 李海波，孔凡萍.黄河三角洲创新驱动战略的框架体系构建［J］.技术经济与管理研究，2014（02）:114-118.

[141] 李振华，封新宇，吴文清，等.多中心治理模式下区域科技孵化网络

协同创新机制研究[J].中国科技论坛，2016（01）:44-50.

[142] 党应强."一带一路"下陕西煤炭工业转型发展研究[J].宏观经济管理，2017（05）:73-76.

[143] 骆明.服务委员集中民智，团结联合汇聚力量，为加快打造创新型中心城市做出积极贡献[N].贵阳日报，2017-2-17（01）.

[144] 袁红英，石晓艳.区域科技创新中心建设的理论与实践探索[J].经济与管理评论，2017（01）:134-140.

[145] 李萌.新型城镇化建设中城市经济转型国际经验借鉴与启示[J].经济与管理评论，2015（02）:26-32.

[146] 李健，屠启宇.创新时代的新经济空间:美国大都市区创新城区的崛起[J].城市发展研究，2015，22（10）:85-91.

[147] 黄德春，刘志彪.环境规制与企业自主创新：基于波特假设的企业竞争优势构建[J].中国工业经济，2006（3）:100-106.

[148] 张美月，林媛媛.环境规制对企业技术创新影响的实证研究：基于福建省33个工业行业的面板数据[J].三明学院学报，2018，35（1）:20-26.

[149] 齐绍洲，徐佳.环境规制与制造业低碳国际竞争力：基于二十国集团"波特假说"的再检验[J].武汉大学学报：哲学社会科学版，2018，71（1）:132-144.

[150] 邓智团.创新街区研究:概念内涵、内生动力与建设路径[J].城市发展研究，2017（8）:42-48.

[151] 刘刚，王宁.突破创新的"达尔文海"：基于深圳创新型城市建设的经验[J].南开学报：哲学社会科学版，2018（06）:122-133.

[152] 陈静，岳海鸥.济南创新型城市建设评价[J].中国科技信息，2018（22）:103-104.

[153] 向丽.创新型城市高技术企业与高校协同创新路径分析[J].现代管理

科学，2018（11）:60-62.

［154］山东经济形势分析与预测（2018）［R］.山东蓝皮书，2018-03-15.

［155］山东省人民政府关于印发山东省"十三五"科技创新规划的通知［R］.山东省人民政府公报，2017-01-20.

［156］山东省人民政府关于印发山东省创新型省份建设实施方案的通知［R］.山东省人民政府公报，2017-11-30.

［157］刘勇.大力实施创新驱动发展战略　全面提升江西科技创新能力［N］.江西日报，2020-01-17.

［158］安再祥，杨聪聪，范为民.安徽淮北探索工业转型升级发展新路［N］.中国工业报，2020-01-07.

［159］张传亮.我市发布现代化高品质城市建设"深化创新开放，推进城市产业更新"课题行动方案［N］.潍坊日报，2020-01-04.

［160］青岛市政府：关于加快发展科技服务业的实施意见［EB/OL］.http://blog.sina.com.

［161］李文，陈强.奋力迈步产业发展新征程［N］.潍坊日报，2019-09-19.

［162］李敏.扬优成势，做好"港产城海"融合发展大文章［N］.日照日报，2018-03-23.

［163］关于潍坊市2016年国民经济和社会发展计划执行情况与2017年计划草案的报告（摘要）［EB/OL］.http://www.wfnews.com.

［164］刘阳.潍坊地区非物质文化遗产要素研究［J］.河北工程大学学报：社会科学版，2015（3）：79-82+91.

［165］吴晓强.走过七十年　迈向新征程［N］.潍坊日报，2018-05-08.

［166］刘杰.聚势起舞　春潮涌动［N］.潍坊日报，2018-12-18.

［167］刘曙光.践行新理念　推动新发展　为决胜全面小康建设现代化强市而奋斗［N］.潍坊日报，2017-02-20.

［168］谭黎明.启动创新新引擎　竞进发展结硕果［N］.潍坊日报，2017-10-15.

［169］石莹.激发第一动力　建设创新型城市［N］.潍坊日报，2017-03-04.

［170］潍坊：激发第一动力　建设创新型城市［EB/OL］.http://weifang.iqilu.

［171］谭黎明.创新新引擎　竞进发展结硕果［N］.潍坊日报，2017-10-15.

［172］陈伟.潍坊绘就创新型城市"路线图"［J］.走向世界，2018（30）：26-29.

［173］姚沅志.创新激活新动能　改革释放新活力：2019年潍坊新旧动能转换起势记［N］.山东画报，2020-01-15.

［174］尹莉莉.改革擂重鼓 潜能变动能［N］.潍坊日报，2019-12-29.

［175］山东经济形势分析与预测（2018）［R］.山东蓝皮书，2018-03-15.

［176］贺德良，朱海龙.科技企业孵化器育强潍坊"发展大翅"［R］.潍坊日报，2015-11-16.

［177］山东省人民政府办公厅转发省科技厅山东省科技服务业转型升级实施方案的通知［R］.山东省人民政府公报，2016-08-18.

［178］秦英玮，陶源.全力打造人才集聚之地辈出之地圆梦之地［N］.潍坊日报，2018-02-13.

［179］刘东生.增强创新活力　打造活力城市［N］.潍坊日报，2017-12-05.

［180］刘伟.全力打造人才聚集"强磁场"［N］.潍坊日报，2016-10-24.

［181］李仁.烟台，跃上新台阶［N］.烟台日报，2017-03-12.

［182］徐睿.烟台高新技术产值全省第二［N］.烟台日报，2017-03-08.

［183］李仁.产业创新，激活"一池春水"［N］.烟台日报，2017-06-02.

［184］慕溯.高质量激活科技创新新动能［N］.烟台日报，2019-04-10.

［185］侯召溪.张永霞所做政府工作报告［N］.烟台日报，2017-03-21.

［186］高少帅.改革开放活力迸发［N］.烟台日报，2017-03-13.

［187］陈品.稻作方式的扩散及影响因素研究［D］.扬州：扬州大学，2013.

［188］许斯珩.低碳稻作技术的生态经济评价及扩散研究［D］.扬州：扬州大学，2015.

［189］刘笑明，李同升.农业技术创新扩散的国际经验及国内趋势［C］//中国地理学会2006年学术年会论文摘要集.2006，11.

［190］曹兴,柴张琦.技术扩散的过程与模型：一个文献综述[J].中南大学学报:社会科学版，2013（4）14-22.

［191］陈媞.创新型城市的形成机理及评价指标体系研究［D］.武汉：武汉理工大学，2012.

［192］践行新理念　培育新动能　引领新常态 努力实现"十三五"经济和信息化发展良好开局[J].山东经济战略研究，2016（1）：19-22.

［193］李万甫，陈文东，刘和祥.减税与降负并重：2018年税收政策与征管举措实施状况评述［J］.财政科学，2019（2）：5-19+56.

［194］沈和.管理机制历史性变革引爆技术创新集群式突破：江苏省产业技术研究院的积极探索与启示［J］.中国发展观察，2018（14）：48-49+52.

［195］蒋宁,张维,倪玉婷,等.动态环境下战略新兴产业政策体系建设研究[J].北京理工大学学报：社会科学版，2011，13（3）：36-40.

［196］李建军.创新政策实施问题研究［D］.呼和浩特：内蒙古师范大学，2019.

［197］杨长军.东营市创新型城市建设实证研究［D］.北京：中国农业科学院，2009.

［198］秦煦，闫成建，杨侠.强化科技服务机构能力建设　破解科技成果转化制约瓶颈［J］.安徽科技，2017（8）：22-23.

［199］袁伟.技术创新视角下的资源型城市经济转型［D］.济南：山东大学，2007．

［200］姜豪.政府主导下的青岛市品牌经济发展研究［D］.青岛：青岛大学，2019.

［201］王怡.苏州市科技创新国际合作经验与分析[J].科技与创新，2016(24)：

39-40.

[202] 王锦，丁春文.论高新区高层次人才集聚功能及其开发：以宁波高新区例[J].浙江万里学院学报，2011，24（5）：20-23.

[203] 祝群,梁添勇,陈艳声,等.科技创新推动龙岩市经济转型的对策研究[J].龙岩学院学报，2020（1）：109-117.

[204] 陈欣.创新驱动视域下福州市高新技术产业发展战略与对策研究[D].福州：福州大学，2018.

[205] 张密沙.基于QCA方法的汽车行业供应链协同创新与组织绩效关系研究[D].郑州：河南工业大学，2019.

[206] 吴尤可.关于创新型城市的要素与机理研究[M].上海：上海三联书店，2015.

[207] 袁伟.技术创新视角下的资源型城市经济转型[D].济南：山东大学，2007.

[208] 刘玉洁,张昕雨.荆门市战略性新兴产业创新生态系统发展现状和优化建议[J].中国集体经济，2020（5）：12-13.

[209] 吴永祥.我国研究型大学教师能力建设研究[D].南京：南京航空航天大学，2018.

[210] 中国科技发展战略研究小组.中国区域创新能力报告（2001）[M].北京：中共中央党校出版社，2002.

[211] 范柏乃,单世涛,陆长生.城市技术创新能力评价指标筛选方法研究[J].科学学研究，2002，20（6）：663-668.

[212] 中国城市创新能力评价体系课题组.创新型城市的数量化评价标准[N].光明日报，22006-10-16.

[213] 郑伯红,彭际.我国区域创新能力差异实证研究[J].邵阳学院学报，2003，2（2）：103-106.

[214] 中国创新城市评价课题组.2018中国创新城市评价报告[R].北京科学

学研究，2018，08.

[215] 傅元媛.众创空间发展策略研究［D］.南京：南京航空航天大学，2018.

[216] 慕溯.高质量激活科技创新新动能［J］.走向世界，2019（18）：18-23.

[217] 刘志国,王玉梅,刘蓓蓓."众创空间"青年创新创业平台发展评价研究[J].青岛科技大学学报：社会科学版，2020（1）：30-35.

[218] 陈标新,徐元俊,罗明.基于粤港澳大湾区建设背景下的科技创新人才队伍建设研究：以东莞市为例［J］.科学管理研究，2020（1）：133-138.

[219] 曲福田.健全机制　搭好平台　全面推进苏南国家科技成果转移转化示范区建设［J］.中国经贸导刊，2017（10）：35-37.

[220] 朱传果.区域创新系统国际化中政府角色研究［D］.杭州：浙江工业大学，2019.

[221] 中国科学技术信息研究所.国家创新型城市创新能力评价报告2019［M］.北京：科学技术文献出版社，2019.

[222] 中华人民共和国科学技术部.国家创新型城市创新能力监测报告2019［M］.北京：科学技术文献出版社，2019.

[223] 赵昌文,钱平凡,魏继刚,等.平台经济的发展与规制研究［M］.北京：中国发展出版社，2019.

[224] 国务院发展研究中心创新发展研究部.数字化转型：发展与政策［M］.北京：中国发展出版社，2019.

附录一　潍坊市创新型城市建设重点任务

表 1　潍坊市创新型城市建设重点任务

序号	重点任务	任务内容	主要措施	牵头单位	责任单位
1	政产学研深度合作	科技精准对接活动	充实完善企业高质量发展技术、人才需求以及高校院所专家信息、科技成果信息库	市科技局	各县市区政府 市属各开发区管委会
2			每年组织举办6次以上专业精准对接活动，推动我市1000家企业对接100家科研院所和高校，吸引更多先进成熟的应用技术成果来潍坊落地转化	市科技局 市工信局	各县市区政府 市属各开发区管委会
3		大院大所引进	深入对接京津冀、长三角经济圈，进一步拓宽企业、高校、科研院所精准合作渠道	市科技局	市财政局 市人社局 各县市区政府 市属各开发区管委会
4			推动中科院化学所潍坊化工新材料产业技术研究院、中科院沈阳应用生态所潍坊现代农业与生态环境研究院、清华大学潍坊人工智能研究院等引进共建工作	市科技局	市财政局 市人社局 各县市区政府 市属各开发区管委会
5			每年新引进5家以上研究院或分支机构	市科技局	市财政局 市人社局 各县市区政府 市属各开发区管委会
6		国际科技交流合作	发挥潍坊硅谷高科技孵化器、中以科技转移平台等高端国际科技合作平台作用，与欧美、日韩等国家深入开展国际科技合作与交流	市科技局	市商务局 各县市区政府 市属各开发区管委会
7			建设国际科技合作基地，引进外国高端专家和先进成熟技术，支持兴瑞生物、天瑞重工等企业在海外建立研发中心	市科技局	市商务局 各县市区政府 市属各开发区管委会
8			每年新建海外研发中心、国际科技合作基地等高端国际科技合作平台4家以上	市科技局	市商务局 各县市区政府 市属各开发区管委会

续表

序号	重点任务	任务内容	主要措施	牵头单位	责任单位
9		打造一批创新创业共同体	到2021年年底，建设10家以上市级创新创业共同体，培育1家以上省级创新创业共同体	市科技局	各县市区、市属各开发区科技局
10			2019年，建成"潍坊先进光电芯片研究院"等4家市级创新创业共同体；2020年，建成3家以上市级创新创业共同体；2021年年底，争取建设3家以上市级创新创业共同体	市科技局	各县市区、市属各开发区科技局
11			每年推出100项创新成果	市科技局	各县市区、市属各开发区科技局
12	高端创新平台建设	企业技术创新平台建设	每年新建10家省级以上工程技术研究中心、重点实验室、院士工作站等创新平台	市科技局	市发改委 市工信局
13			2019年重点推动豪迈机械、新力超导、寿光蔬菜产业集团等10家省级创新平台建设	市科技局	市发改委 市工信局
14			2020年重点推动共达电声、迈赫机器人、亚泰农业等10家省级创新平台建设	市科技局	市发改委 市工信局
15			2021年重点推动龙港无机硅、兴瑞生物、泰诺药业等10家省级创新平台建设	市科技局	市发改委 市工信局
16			力争每年有50个项目列入国家、省计划盘子，争取上级资金2亿元以上	市科技局	市发改委 市工信局
17		打造科技创新示范园区	支持高新区开展关键核心技术研发、重大科技创新载体建设，完善科技服务体系，培育发展主导产业	市科技局	高新区管委会
18			积极争创寿光国家高新区	市科技局	寿光市政府
19			助推潍坊国家农业开放发展综合试验区建设	市科技局	综试区管委会（筹） 市农业农村局 寒亭区政府 经济开发区管委会

附录一 潍坊市创新型城市建设重点任务

续表

序号	重点任务	任务内容	主要措施	牵头单位	责任单位
20	加大高新技术企业培育	科技孵化载体建设	提升孵化载体在科技研发、科技金融、创业辅导、技术转移等方面的专业化服务水平	市科技局	各县市区政府 市属各开发区管委会
21			在先进制造、电子信息等领域，孵化培育一批具有行业核心竞争力的科技型企业	市科技局	各县市区政府 市属各开发区管委会
22			2019年，潍坊市级以上科技企业孵化器和众创空间总量为100家；到2021年年底，力争突破120家	市科技局	各县市区政府 市属各开发区管委会
23		培植一批引领发展型科技企业	实施高新技术企业"育苗造林"工程和"小升高"计划	市科技局 市税务局	市财政局 各县市区政府 市属各开发区管委会
24			2019年，全市高新技术企业总数为780家；2020年，为850家；到2021年年底，力争达到1000家	市科技局 市税务局	市财政局 各县市区政府 市属各开发区管委会
25		推进高新技术产业集群建设	提升潍坊半导体发光创新型产业集群、潍坊高端动力装备产业集群等现有国家级创新型产业集群（试点）发展水平	高新区管委会	市科技局 市发改委 市工信局 市市场监管局 市地方金融监管局
26			推动集群内科技型大中小企业形成完善的生产配套或协作体系，支持与集群产业链相关联的研发设计、创业孵化等创新服务机构建设	高新区管委会	市科技局 市发改委 市工信局 市市场监管局 市地方金融监管局
27	拓宽科技成果转移转化渠道	搭建高水平技术转移平台	搭建高水平科技成果技术转移平台，引进建设中科院山东综合技术转化中心潍坊中心等技术转移机构	市科技局	各县市区政府 市属各开发区管委会
28			每年技术市场交易额达到60亿元	市科技局	各县市区政府 市属各开发区管委会

续表

序号	重点任务	任务内容	主要措施	牵头单位	责任单位
29	拓宽科技成果转移转化渠道	健全科技成果转移转化机制	制定修订《潍坊市支持培育技术转移服务机构补助资金管理办法》《潍坊市科学技术奖励办法》	市科技局	各县市区政府 市属各开发区管委会
30			落实国家和省促进科技成果转化的政策措施	市科技局	各县市区政府 市属各开发区管委会
31		加大优秀科技成果奖励力度	做好国家和省科技奖励申报组织推荐工作	市科技局	各县市区政府 市属各开发区管委会
32			每年转化50项重大科技成果	市科技局	各县市区政府 市属各开发区管委会
33	加强科技人才队伍建设	更大力度引育高端人才	突出"高精尖缺",重点引进培育国家级重点人才、泰山产业领军人才、泰山学者、鸢都产业领军人才等市级以上重点工程人选	市委组织部	市发改委 市教育局 市科技局 市工信局 市人社局 市卫健委 各县市区政府 市属各开发区管委会
34			突出人才强企,最大限度降低企业引才成本,放大"人才潍坊伯乐"效应,激发企业家引育人才创造力	市委组织部	市科技局 市财政局 市人社局 市住建局 各县市区政府 市属各开发区管委会
35			充分发挥引进外国人才和智力工作优势,每年引进外国人才400人次以上。组织实施好"鸢都友谊奖"评选。推进"走进大院大所"常态化	市科技局	各县市区政府 市属各开发区管委会
36			更好发挥省级留学人员创业园优势,加大海外留学人员引进力度。深入推进大学生集聚工程,推进"潍坊名校直通车"常态化,每年引进大学本科以上高校毕业生1.2万人以上	市人社局	各县市区政府 市属各开发区管委会

附录一　潍坊市创新型城市建设重点任务

续表

序号	重点任务	任务内容	主要措施	牵头单位	责任单位
37	加强科技人才队伍建设	更大力度组织举办创新创业大赛	坚持"以赛代评"，常态化举办国际人才创新创业大赛，广泛吸引海内外高层次人才带技术、带项目、带创意、带资金来潍坊创新创业	市委组织部	市科技局 各县市区政府 市属各开发区管委会
38			择优推荐优秀人才参加省"创业齐鲁·共赢未来"高层次人才创业大赛，力争更多人才纳入省支持范围	市科技局	市委组织部 各县市区政府 市属各开发区管委会
39			积极举办大学生创新创业大赛	市人社局	各县市区政府 市属各开发区管委会
40			积极举办山东省中小微企业创新竞技行动计划分领域赛事	市科技局	各县市区政府 市属各开发区管委会
41		更大力度优化人才发展环境	以"一次办好"改革为契机，编制人才专员服务清单，畅通人才服务绿色通道，提升人才服务信息化水平，实现人才服务流程再造	市人社局	各县市区政府 市属各开发区管委会
42			着力建设一批国际学校	市教育局	各县市区政府 市属各开发区管委会
43			依托市内三甲医院，加快国际门诊建设	市卫健委	各县市区政府 市属各开发区管委会
44			多渠道、多层次规划建设一批人才公寓	市住建局	市委组织部 市人社局 市财政局 市自然资源和规划局 各县市区政府 市属各开发区管委会
45			加强科技人才金融服务创新，探索设立市级人才创新创业基金，优化"人才投""人才贷""人才保"等扶持方式	市地方金融监管局	市财政局 市金融控股集团 市再担保集团 各县市区政府 市属各开发区管委会
46			建设人力资源服务产业园，加大各类人才中介服务机构引进培育力度。发挥各类招才引智工作站的引才作用	市人社局	各县市区政府 市属各开发区管委会
47			深化党委联系服务专家制度，经常性开展人才慰问、休假、研修等活动，强化对人才的政治引领和团结凝聚	市委组织部	各县市区政府 市属各开发区管委会

附录二 烟台创新型城市建设主要绩效

表2 烟台创新型城市建设主要绩效

序号	类别	主要内容
1	综合实力	地区生产总值五年跨越"两个千亿元"台阶、达6925.7亿元，在全国大中城市中排名第19位
2	综合实力	一般公共预算收入五年跨越"两个百亿元"台阶、达577.1亿元，占生产总值比重为8.33%
3	综合实力	规模以上工业主营业务收入达1.63万亿元，在全国大中城市排名第8位，实现利润1169.6亿元，两项指标绝对额均居全省首位
4	科技	2010年被批准创建国家创新型试点城市
5	科技	2012年获批首批国家知识产权示范城市
6	科技	2016年烟台高新区进入山东半岛国家自主创新示范区建设行列
7	科技	五次获得"科技进步先进市"
8	科技	烟台是全国唯一获得4项以上国家科技进步一等奖的地级市
9	科技	国家级工程技术研究中心5家、国家企业技术中心22处、国家企业重点实验室1处、国家地方联合工程实验室6处、国家工业设计中心1处、国家产业技术创新战略联盟2处、国家博士后科研工作站19处、国家农业科技园区2处、国家可持续发展实验区4处、国家国际科技合作基地2处、国家级科技企业孵化器8家
10	科技	2016年财政性科技投入23.31亿元，占一般公共预算支出的3.4%
11	科技	全国首创"烟台市产业导航服务平台"，以"互联网+"、大数据技术为支撑，集科技资源、科技数据、科技服务和科技管理于一体，促进科技、产业、金融三者融合发展。在全国首创"工业经济运行大跨度调度平台"，建立了一套上联主管部门、横联经济部门、下联工业企业，满足各方面数据、监测、信息需求的大跨度调度体系

续表

序号	类别	主要内容
12	人才	全市拥有各类人才170万名,其中驻烟两院院士3人,柔性引进院士51人;"千人计划"专家92人、"万人计划"专家9人、"百千万人才"工程国家级人选12人、创新推进计划专家15人、泰山学者和泰山产业领军人才120人;国家杰出青年基金获得者4人、省杰出青年基金获得者10人,省突出贡献中青年专家42人;市"双百计划"人才166名
13	工业	工业门类比较齐全,按照《国民行业经济分类》,工业共分41个大类和201个中类,烟台工业分布在37个大类及185个中类
14	工业	主营业务收入过百亿元工业企业16户,拥有5个千亿级和17个百亿级产业集群
15	工业	全省唯一入围全国消费品工业"三品"战略示范试点的城市,以地级城市第一名的成绩被工信部列为全国工业稳增长和转型升级成效明显市,报国务院表彰
16	工业	全市95种产品排名全国行业前5位,其中行业排名第1位的产品有57种,每100克黄金就有38克产自烟台
17	农业	农业特色鲜明,盛产苹果、大樱桃以及海参、鲍鱼等农特产品,张裕葡萄酒、鲁花花生油、龙大食品等全国知名,农产品出口占全国的1/20,水产品出口占全国的1/10
18	农业	亚洲唯一的国际葡萄·葡萄酒城,每3瓶葡萄酒中就有1瓶产自烟台
19	农业	烟台苹果连续8年蝉联中国果业第一品牌,全国每10个苹果就有1个产自烟台
20	农业	省级以上农业产业化龙头企业达72家,其中国家级13家,居全国地级市首位
21	服务业	全国首批14个沿海开放城市之一,已有近百家世界500强企业来烟台投资,年进出口额500亿美元左右,与"一带一路"沿线国家全部建立贸易往来
22	服务业	电子商务交易额达2775.8亿元,总量居全省第2位;移动电话用户达981万户,移动互联网流量增至2789万G
23	服务业	区域性基金管理中心建设方案获省批复,各类基金及管理机构达208家,基金总规模达926亿元

附录二 烟台创新型城市建设主要绩效

续表

序号	类别	主要内容
24	综合治理	荣获全国文明城市"四连冠",成为全国仅有两个地级市之一
25		荣获全国社会治安综合治理优秀城市"六连冠",成为全国仅有两个城市之一
26		荣膺国家历史文化名城,获批国家公共文化服务体系示范区
27	交通	被福布斯评为中国最适宜发展物流的城市之一,烟大铁路轮渡是连接辽东半岛和山东半岛的海上通道,青烟威荣城际铁路、烟台蓬莱国际机场开通运行,环渤海高铁、渤海海峡跨海通道、中韩铁路轮渡等重大互联互通项目列入《环渤海地区合作发展纲要》
28	蓝色经济	2014年获批国家海洋高技术产业基地试点市
29		2016年获批全国海洋经济创新发展示范城市
30		"一带一路"15个重点打造的支点城市
31		中韩(烟台)产业园被确定为中韩两国共建产业园区
32		全市港口货物吞吐量达3.54亿吨,烟台港稳居全国沿海十大港口之列。省级以上各类海洋与渔业保护区达到31个,其中国家级海洋保护区12个,保护区面积占管辖海域面积的1/5,数量居全国第一
33	区域经济	上市公司42家,居全省首位;新三板挂牌企业达73家,区域股权交易市场挂牌企业达119家
34		烟台开发区综合实力在国家级开发区中稳居前6位,烟台保税港区同上海、天津、重庆三个直辖市同类园区并列进出口百亿美元方阵
35	城乡建设	荣获全国绿化模范城市、国家森林城市称号;累计造林绿化110万亩,森林覆盖率达40%,居全省首位
36		2016年城镇化率62.1%
37		4个县级市进入全国县域经济百强行列,全国重点镇达15个
38		山东省唯一连续11年完成节能目标市
39	环境	荣获联合国人居奖、中国优秀旅游城市、中国最佳休闲城市和中国最佳避暑城市
40		2016年"蓝天白云"天数342天

附录三 烟台创新型城市建设指标进展

表3 烟台创新型城市建设指标进展

一级指标		二级指标	二级指标值（2015年数）	与2014年相比增长率	分项指标	分项指标值（2015年数）
创新要素集聚能力	1	每万名就业人员中研发人员（人年）	62.66	-4.0%	研发人员数（人年）	28823
					就业人员数（万人）	460.02
	2	全社会R&D经费支出占地区GDP比重	2.54%	-9.9%	全社会R&D经费支出（亿元）	163.8
					地区GDP（亿元）	6446.08
	3	创业投资引导基金总额占地区GDP比重	6.12%	595%	创业投资引导基金总额（亿元）	394.19
	4	国家高新技术产业开发区营业总收入占地区GDP比重	6.23%	5.1%	国家高新技术产业开发区营业总收入（亿元）	401.3
	5	省级高新技术产业开发区营业总收入占地区GDP比重	-	-	省级高新技术产业开发区营业总收入（亿元）	-
	6	国家农业科技园区营业总收入占地区GDP比重	2.49%	192.94%	国家农业科技园区营业总收入（亿元）	160.3
	7	省级农业科技园区营业总收入占地区GDP比重	2.85%	235.29%	省级农业科技园区营业总收入（亿元）	183.7

续表

一级指标	二级指标		二级指标值（2015年数）	与2014年相比增长率	分项指标	分项指标值（2015年数）
创新要素集聚能力	8	国家重点实验室、工程实验室和工程（技术）研究中心数量合计（个）	1	0%	国家重点实验室数量（个）	1
			5	25%	国家工程实验室数量（个）	5
			5	0%	国家工程技术研究中心数量（个）	5
			1	0%	国家工程研究中心数量（个）	1
	9	省级重点实验室、工程实验室和工程（技术）研究中心数量合计（个）	17	13%	省级重点实验室数量（个）	17
			14	27%	省级工程实验室数量（个）	14
			86	3.6%	省级工程技术研究中心数量（个）	86
			3	0%	省级工程研究中心数量（个）	3
综合实力和产业竞争力	10	科技进步贡献率	63%	1.6%		63%
	11	全员劳动生产率（万元/人）	14.01	7.27%	地区GDP（亿元）	6446.08
					就业人员数（万人）	460.02
	12	高新技术企业数（家）	301	13.6%		301
	13	高新技术企业数占规模以上工业企业数量比重	11.5%	16.6%	规模以上工业企业数量（家）	2618

附录三 烟台创新型城市建设指标进展

续表

一级指标		二级指标	二级指标值（2015年数）	与2014年相比增长率	分项指标	分项指标值（2015年数）
综合实力和产业竞争力	14	高新技术企业主营业务收入占规模以上工业企业主营业务收入比重	8.32%	-9.8%	高新技术企业主营业务收入（亿元）	1277.85
					规模以上工业企业主营业务收入（亿元）	15350.62
	15	知识密集型服务业增加值占地区GDP的比重	8.02%	9.3%	知识密集型服务业增加值（亿元）	516.78
	16	万人发明专利拥有量（件/万人）	5.56	27%	发明专利拥有量（件）	3886
					常住人口数（万人）	701
创新创业环境	17	每万人新增注册企业数（家/万人）	54.55	70.58%	新增注册企业数（家）	37277
	18	技术市场成交合同金额占地区GDP比重	0.76%	55.1%	技术市场成交合同金额（亿元）	49.21
	19	国家科技企业孵化器和大学科技园在孵企业数量（家）	676	17.24%	国家科技企业孵化器在孵企业数量（家）	676
			—	—	国家大学科技园在孵企业数量（家）	—
	20	省级科技企业孵化器和大学科技园在孵企业数量（家）	715	16.26%	省级科技企业孵化器在孵企业数量（家）	715
			546	69.04%	省级大学科技园在孵企业数量（家）	546

续表

一级指标		二级指标	二级指标值（2015年数）	与2014年相比增长率	分项指标	分项指标值（2015年数）
创新对社会民生发展的支撑	21	空气质量达到及好于二级的天数占全年比重	83.3%	6.6%	空气质量达到及好于二级的天数（天）	304
	22	万元GDP综合能耗（吨标准煤/万元）	0.33	−10.6%	能源消费总量（吨标准煤）	23310000
	23	城镇居民人均可支配收入与农村居民人均纯收入之比	2.31%	−0.1%	城镇居民人均可支配收入（元）	35907
					农村居民人均纯收入（元）	15540
	24	实际使用外资金额占地区GDP比重	1.9%	5.6%	实际使用外资金额（亿元）	122.4
	25	农村贫困人口数占农村户籍人口比重	1.4%	−3.1%	农村贫困人口数（万人）	45.2
					农村户籍人口数（万人）	320
创新政策体系和治理架构	26	科技公共财政支出占公共财政支出的比重	2.9%	12%	科技公共财政支出（亿元）	18.64
					公共财政支出（亿元）	643.53
	27	研发经费加计扣除所得税减免额占企业研发经费比重	20.79%	0.58%	研发经费加计扣除所得税减免额（亿元）	2.91
					企业研发经费（亿元）	14

附录三 烟台创新型城市建设指标进展

续表

一级指标		二级指标	二级指标值（2015年数）	与2014年相比增长率	分项指标	分项指标值（2015年数）
创新政策体系和治理架构	28	市委、市政府出台实施创新驱动发展战略的决定或意见及配套政策			2016年5月23日，烟台市召开了全市坚持创新发展理念深入实施创新驱动发展战略大会，号召全市坚持并践行创新发展理念，加快建设国家创新型城市。2016年8月8日，召开市委十二届九次全会，会议审议通过《烟台市加快实施创新驱动发展战略行动计划（2016—2020年）》，深入实施创新驱动发展战略，把科技创新摆在更加突出的位置，打造率先走在前列的核心引擎。2016年11月28日，市委、市政府成立了由市长挂帅、各县市区和相关部门主要负责人参与的"烟台市创新驱动推进委员会"，在市科技局设立委员会办公室，统筹推进全市创新发展。围绕"五年行动计划"的推进落实，先后出台了《烟台市创新型产业集群建设与发展规划（2016—2020年）》《烟台市工业行业"十三五"转型发展实施方案》《烟台市"十三五"科技创新规划》《关于加快发展众创空间推动大众创新创业的意见》等11个配套文件，建立完善"1+N"政策支撑体系，指导推动各项创新发展举措的落地落实	
	29	拥有能抓创新、会抓创新、抓好创新的科技管理队伍			烟台市科技局下设9个科室，核定人员编制26人，均具有大专以上学历，其中研究生以上学历11人（含博士2名）。烟台市科技局连续12年获得烟台市"烟台市市直机关先进集体"荣誉称号；自2009年以来连年荣获"市级文明单位"，2013年以来连年荣获"省级文明单位"；多次荣获科技部、省科技厅授予的"科技管理先进单位"，先后5次获得"全国科技进步先进市"荣誉称号。烟台市的14个县、市、区均设立了科技管理部门	

续表

一级指标		二级指标	二级指标值（2015年数）	与2014年相比增长率	分项指标	分项指标值（2015年数）
创新政策体系和治理架构	30	市委、市政府抓战略、抓规划、抓政策、抓服务，"放管服"改革取得显著成效，形成多元参与、协同高效的创新治理新格局			烟台市委、市政府高度重视创新型城市试点建设工作，成立了由市政府主要领导任组长、相关部门和单位主要领导为成员的创建工作领导小组，出台了《关于加快建设国家创新型城市的意见》《烟台国家创新型城市总体规划（2011—2015）》，遵循"创新、协调、绿色、开放、共享"的理念，指导全市的创建工作。全市上下统一思想、攻坚克难、以"钉钉子"的精神抓落实，主要考核指标全部完成，重点任务成效显著，创建工作取得重大进展。改革推动效应持续扩大，烟台市委深改组召开25次会议，市级层面出台改革文件260多份，11次取消下放市级行政权力事项345项，推进政府机构、事业单位、国企、农村以及财政、教育、科技、文化、价格、医疗卫生等领域的改革，累计争取国家和省级改革试点164项，简政放权纵深推进，行政审批办理时限压缩50%以上，行政权力事项精简压缩48.7%	
特色指标	31	规模以上工业企业主营业务收入（亿元）	15350	3.03%		
	32	高新技术产业产值占规模以上工业总产值比重	41.11%	1%	高新技术产业产值（亿元）	6432
					规模以上工业总产值（亿元）	15646
	33	企业研发投入占全社会研发投入比重	96.40%	0.21%	企业R&D经费支出（亿元）	157.9
					全社会R&D经费支出（亿元）	163.8

注：各指标解释详见《建设创新型城市工作指引》（国科发创〔2016〕370号）。

致　谢

本书在写作过程中，得到潍坊市科技局庞兴鹏科长、刘相信科长及相关工作人员的大力支持，提供了山东省及潍坊市、烟台市创新型城市建设的大量具体的一手资料；得到山东省发展改革委员会、潍坊市发展改革委员会领导及工作人员的大力支持，提供了山东省新旧动能转换综合试验区建设的大量翔实的资料。

在此，特向以上领导和专家表示衷心的感谢！

周志霞

2021 年 6 月